그냥 믿어주는 일

INOCHI NO UTSUWA(collection of essays)
by MIYAMOTO Teru
Copyright © 1983 MIYAMOTO Teru
All rights reserved.

Originally published in Japan by Kodansha Ltd. Tokyo.
Korean translation rights arranged with MIYAMOTO Teru, Japan.
through THE SAKAI AGENCY and SHINWON AGENCY CO.

Korean translation copyright ⓒ 2023 by PSYCHE'S FOREST BOOKS

이 책의 한국어판 저작권은 신원 에이전시와 사카이 에이전시를 통한 저자와의 독점 계약으로 도서출판 프시케의숲에 있습니다. 저작권법에 의해 한국 내에서 보호를 받는 저작물이므로 무단 전재와 복제를 금합니다

그냥 믿어주는 일

미야모토 테루 산문
이지수 옮김

프시케의숲

일러두기

1. 외래어 표기는 국립국어원의 표기법을 따르되, 관행에 따라 일부 예외를 두었다.
2. 하단 각주는 모두 옮긴이 주이다.

차례

I

눈보라 •009 | 아버지가 준 것 •014 | 내 마음의 눈 •019
대지 •023 | 도쿄는 싫어 •026 | 비 오는 날 생각한다 •033
가구야히메의 〈간다강〉 •037 | 설날 경마 •039
개찰구 •043 | 열 권의 문고본 •050 | 정신의 금고 •054
개미 스토마이 •056 | 생명의 그릇 •058
말을 가지는 꿈 •061

II

거리 속의 절 •067 | 내가 사랑한 개들 •082
난키의 해안선 •088 | 형제 •092 | 악마가 난다 •094
인간의 불안 •096 | 엘리트 의식 •098
인간 줏대 제거 계획 •100 | 문화란 무엇인가 •102
소설의 테이프화 •104 | 료칸의 서비스 •106 | 이국인 •108
그것은 우리들이다 •110 | '감응'이라는 것 •112
이상한 일본인 •114 | 숙성 •116 | 발송인 불명 •118
타고난 재능 •120 | 엄마의 힘 •122 | 확신 •124
순간과 영원 •126 | 인간의 힘 •128 | 동물 어린이집 •130
자신을 보는 거울 •132 | 경주가 끝나고 •134
아직 10엔 •136 | 노스탤지어 •138 | 각오 •140

III

아라 마사히토 씨가 보낸 전보 • 145 ｜ 성장을 거듭한 작가 • 149
사카가미 난세이 씨의 새로움 • 157 ｜ '강' 3부작을 마치며 • 159
아쿠타가와상과 나 • 163 ｜ 생명의 힘 • 168
〈흙탕물 강〉의 풍경 • 174 ｜ 〈흙탕물 강〉의 영화화 • 178
오구리 고헤이 씨에 대해 • 182 ｜《도톤보리강》의 영화화 • 186
나의《준마》와 일본더비 • 189 ｜ '바람의 왕'에 매료되어 • 196
금수의 나날 • 201

저자 후기 • 209
옮긴이의 말 • 211

I

눈보라

열차는 멈춰 있었다. 벌써 한 시간 가까이, 호쿠리쿠*의 설원 속에 갇혀 꼼짝도 하지 않았다. 그렇게 무시무시한 눈은 25년 전 오사카에서 도야마로 향하는 만원 열차 다테야마 1호의 차창으로 본 것 말고는 그전에도 그 후에도 한 번도 만나지 못했다.

"이게 눈보라라는 거야."

아버지가 내게 가르쳐줬다. 좌석에는 열 살이었던 나와 아버지와 어머니, 그리고 헌팅캡을 쓴 낯선 남자가 함께 앉아 있었다. 남자는 커다란 여행 가방을 통로 쪽에 두고 그 위에 위스키 병이니 지도니 수첩이니를 올려두고서, 가끔 그 기름지고 불콰한 얼굴로 나를 쳐다봤다. 살가운 미소 한 번 띠지 않고 나를 응시하는 남자가 꺼림칙해서 그

---

* 일본의 주부(中部) 지방 중 니가타현, 도야마현, 이시카와현, 후쿠이현, 또는 니가타현을 제외한 세 현을 말함.

가 분명 나쁜 사람일 거라고 생각했다. 그는 커다란 여행 가방이 통로를 오가는 사람들에게 방해가 되는 것은 전혀 개의치 않은 채 위스키를 마시며 어묵을 먹고 있었다. 밖은 1미터 앞이 보이지 않을 정도로 눈보라가 휘몰아치고 있었다.

그때까지 한 마디도 없던 남자가 갑자기 입을 뗐다.

"이 모양이면 내일 아침에나 도착할 수도 있겠구먼요."

내일 도착하든 모레 도착하든 아무래도 상관없다는 듯한 말투였다.

"한 달에 두세 번 도야마에 가지만 이런 눈은 처음입니다."

아버지는 묵묵부답이었다. 남자의 말에 아무런 대꾸 없이 담배를 피우고 있었다. 그래서 나는 아버지도 분명 이 남자를 나쁜 사람으로 여기고 있으리라 생각했다. 아버지는 콧수염을 길렀고 눈썹이 두꺼웠으며 눈초리는 옆으로 쭉 찢어졌다. 아버지가 진심으로 화를 내며 노려보면 대부분의 피라미들은 바싹 겁을 먹었다. 우리 가족은 모든 것을 팔아치우고 지인에게 기대어 도야마에서 새 세상을 찾기 위해 다테야마 1호에 올라탄 것이었다.

"한 잔 어떠십니까. 질 나쁜 술은 아니거든요."

남자는 아버지에게 위스키 뚜껑을 내밀었다. 아버지는 거절했지만 남자는 끈질기게 권했다.

"난 술을 안 먹어서. 술 냄새를 맡기만 해도 속이 울렁거리니까 어디 다른 자리로 가주시오."

 아버지는 남자의 얼굴에 담배 연기를 내뿜더니 그렇게 말했다. 어머니가 불안한 표정으로 아버지를 쳐다봤다. 아버지는 자고 일어났을 때 한 잔, 낮에도 한 잔, 밤에는 자리를 잡고 앉아서 한 되를 마시는 술꾼이었다. 남자는 기가 조금 죽은 모양이었다. 열차는 만원이었고 통로에는 자리를 잡지 못한 사람들이 신문지를 깔고 주저앉은 상황이었으니, 다른 자리로 가라는 말은 아버지가 남자한테 명백하게 싸움을 건 것이나 마찬가지였다. 하지만 그런 날카로운 말을 내뱉을 때 아버지 얼굴에는 모종의 태연한 풍격과 기백이 넘쳐흐르고 있었다.

 "그렇게 정색하지 않으서도……."

 남자는 억지 미소를 띠며 물었다.

 "형씨, 이요(伊予) 분이십니까?"

 에히메현 미나미우와군 출신인 아버지는 죽을 때까지 사투리를 썼다. 남자는 불편한 듯 통로 쪽으로 몸을 비틀더니 아버지로부터 등을 돌린 모양새로 지도를 펼쳤다.

 "정말 내일까지 도착 못 해요?"

 나는 걱정이 되어서 아버지에게 물었다.

 "봄 되면 도착할 거다, 안심해라."

 아버지는 웃으며 말하고는 팔짱을 끼고 눈을 감았다. 이번에는 남자가 나에게 말을 걸었다. 펼친 지도를 보여주며 물었다.

"꼬마야, 어디 가니?"

"몰라요."

나는 눈을 감고 있는 아버지를 살피며 그렇게 대답했다.

"아저씨한테도 말이야, 너 정도 되는 자식이 있단다. 여자애지만."

그러나 무뚝뚝한 부자와 그 이상 얽히는 건 성가시다고 생각했는지, 남자는 사람들 사이를 헤집으며 화장실에 다녀와서는 그대로 잠들어버렸다. 나는 히터의 열기로 화끈거리는 뺨을 유리창에 갖다 대고 무시무시한 눈보라를 바라봤다. 언제까지고 바라봤다. 열차는 곧 움직이기 시작했다. 그리고 또 멈췄고, 얼마 뒤 다시 움직였다. 그러는 사이에 나도 잠들었다. 눈을 뜨니 창밖은 담흑빛 어둠이었고 열차는 느긋한 속도로 달리고 있었다. 아버지의 무릎 위에는 남자의 물건인 지도가 놓여 있었고, 손바닥에는 바닥을 드러낸 위스키 병이 쥐어져 있었다. 남자와 아버지는 조그만 병뚜껑에 위스키를 따라서 주거니 받거니 사이좋게 흥이 올라 이야기를 나누고 있었다. 아버지는 남자의 어묵을 마음대로 집어서 나의 입에 넣었다.

"이게 진즈강이에요. 이 일대의 땅은 아직 싸고, 공장으로 만들 수 있는 집이 얼마든지 있지요."

남자는 손가락 끝으로 지도 위를 훑으며 여기가 도미카와초, 여기가 소가와 하고 설명했다. 다테야마 1호는 예정보다 네 시간 늦게, 밤 열한 시를 넘겨 도야마역에 도착했다. 남자와 우리는 플랫폼에서 헤어졌다. 어떤 여자가 플랫폼까지 남자를 마중 나와 있었다. 남자는 여행 가방을 내려두더니 여자의 손에서 아직 두세 살밖에 안 되어 보이는 남자아이를 넘겨받아 안고 볼을 비볐다.

"마누라가 낳은 자식보다 저 여자가 낳은 자식이 더 귀엽겠지."

아버지는 내 손을 잡고 특유의 미소를 띠며 중얼거리고는 어두운 개찰구 쪽으로 걸어갔다. 25년 전의 나는 그저 차창으로 바라본 눈보라밖에 기억하지 못한다. 그러니 헌팅캡을 쓴 남자에 대한 건, 아마도 내가 상상으로 지어낸 이야기겠지. 나에게는 그런 병이 있다.

아버지가 준 것

바보든 뭐든 괜찮다, 어쨌거나 무사히 커주기만 하면 된다. 그런 식으로 길러졌기 때문에 나는 그야말로 결함투성이 인간으로 어른이 되어 오늘에 이르렀다. 아버지에게는 자식이 생기지 않았다. 이제 자기 팔자에는 자식이 없다며 포기했던 모양이다. 그런데 쉰 살 가까이 되었을 때, 마치 하늘에서 뚝 떨어진 양 내가 태어났다. 그러나 갓난아기 시절 나는 허약 체질이었던 탓에 어머니는 매일 병원을 다니느라 시간을 다 보냈다. 아버지는 기도하는 심정으로 맹목적인 사랑을 퍼부으며 자신의 외동아들을 키웠다.

"죽지 마. 무사히 커주기만 하면 다른 건 아무것도 안 바랄 테니까."

술 취한 아버지가 나를 무릎에 앉히고 술내 나는 입김을 내뿜으며 몇 번이고 한 말이 지금도 가끔 내 귓속에서 울린다. 초등학교에 들어간 뒤로도 나는 자주 감기에 걸려 열이 났다. 학교에 결석할 때가 많았고 그것이 당연한 일이 되어서 나는 대단찮은 감기에도 등교하지 않으려고 했다. 보내려는 어머니와 안 보내려는 아버지 사이에서 자주 다툼이 일었다.

"학교는 졸업했지만 일찍 죽으면 어쩔 거야? 공부 따윈 못해도 상관없어. 멍청이라도 좋아. 근성이 없어도 괜찮아. 무사히 커주기만 한다면."

그런 아버지의 말에 어머니는 크게 한숨을 내쉬고는 이제 마음대로 하라는 양 입을 다물었다. 나는 아버지의 과보호에 옳다구나 하고 이불에 드러누워 동화책이나 만화책 같은 걸 탐독하며 하루를 보내고는 했다. 그런 나에게 아버지는 종종 도톤보리의 요세寄席* 공연이나 연극과 영화, 때로는 분라쿠**를 보여줬다. 외화를 볼 때면 아직 한 자를 못 읽는 내 귓가에 대고 처음부터 끝까지 내내 자막을 읽어줬다. 지금은 이미 없어진 스트립쇼 극장 OS뮤직홀의 맨 앞줄로 나를 데려가서는 가슴까지 드러낸 무용수를 보여주며 엄마에게는 비밀이라고 입단속을 했는데, 어머니가 오늘은 아버지가 어디로 데려갔느냐고 자근자근 유도심문을 하면 나는 가슴을 내놓고 반짝이는 훈도시***를 입은 여자가 있는 곳에 갔다고 자백해버려서 그 일로 또 한 차례 싸움이 일어나고는 했다.

* 돈을 받고 재담이나 만담 등을 들려주는 공연장.
** 일본의 전통 인형극.
*** 일본의 전통 남성 속옷으로 음부만 가려지고 엉덩이는 드러난다.

그렇게 성장한 나는 중학생이 되어서도 초등학생 정도의 체격이었고 변성기도 올 기미가 전혀 없었으며, 반에서도 유난한 꼬맹이에 심지어 공부까지 싫어했다. 수학여행을 가서 반 친구들과 목욕탕에 들어간 나는 깜짝 놀라 눈이 휘둥그레졌다. 모두 수건으로 앞을 가리고서 저 녀석 것은 몇 센티, 저 녀석 것은 검정 거북이, 하며 품평을 하고 있었다. 자라나기 시작한 음모를 하늘하늘 탕 속에서 나부끼는 녀석도 있었다. 나로 말할 것 같으면 자라나야 할 것은 조금도 그 징조를 보이지 않았고, 물건도 장어 머리처럼 껍질을 뒤집어쓰고 있었다. 집에 돌아가서도 끙끙대며 고민에 고민을 거듭한 끝에 아버지에게 털어놓았다. 아버지는 노안경을 쓰더니 심각한 표정으로 바지를 벗고 앞을 보여 달라고 재촉했다. 아버지는 오랫동안 내 샅을 골똘히 살펴보다가 이윽고 몹시 엄숙한 표정으로 말했다.

"잘 봐라. 솜털이 살짝 짙어졌지. 나기 시작했다, 나기 시작했어."

그런 다음 주문이라며 자신의 침을 손가락 끝에 묻혀 나의 그 부분에 몇 번이고 정성껏 칠했다. 나는 왠지 몹시 더러운 것이 묻은 기분이 들어서 욕실로 가 벅벅 씻어냈지만, 아버지 침의 위력인지 얼마 뒤 경사스럽게도 애타게 기다리던 것이 모습을 드러냈다. 아버지는 그 사실을 알고 의아할 정도로 기뻐하며 끈질기게 보여 달라고 재촉했지만, 나는 갑자기 부끄러움이 덮쳐와 끝까지 고집스레 거부했다. 그 무렵부터 나는 어째서인지 아버지를 나날이 멀리했다. 아버지는 사업에 실패해 집에 거의 오지 않고 다른 여자의 거처에서 지내게 되었다. 아버지는 볼 때마다 초췌하게 늙어갔다. 20대 시절부터 줄곧 길러온 잘 손질된 콧수염에는 자주 콧물이 엉겨 붙어 굳어 있었다. 아버지가 가끔 집에 돌아오면 나는 이런저런 구실을 만들어 밖으로 나가서 되도록 얼굴을 마주치지 않으려 했다. 그런 나를 아버지는 어떤 슬픔이 감도는 눈으로 바라봤다. 지금 나는, 이따금 억누르기 힘든 회한과 함께 그때 아버지의 눈을 떠올린다. 아버지는 내가 스물두 살 때 정신병원에서 죽었다. 이 일을 나는 몇몇 수필에서 가끔 써왔다.

아버지는 쉰 살 때 한 아이의 부모가 되었지만 나는 스물여덟 살 때 두 아이의 부모가 되었다. 하지만 아버지라는 존재에 대해 어떤 특별한 감상을 품게 된 것은 내가 부모가 되었기 때문이 아니다. 내가 소설을 쓰게 되었기 때문이다. 그 사실을 나는 최근 들어 깨달았다. 아버지와의 추억은 다양한 것이 복잡하게 뒤엉켜 한 마디로 표현하기가 불가능하지만, 나는 나를 흠뻑 사랑해주고 어떤 인간이라도 좋다, 무사히 자라기만 해다오, 하고 계속 빌어준 사람이 이 세상에 있었다는 사실을 필설로는 다하기 힘든 감사의 마음으로 떠올린다. 아버지가 사준 책, 아버지가 보여준 영화, 아버지가 발라준 침, 그리고 몸소 내게 보여준 정신병원에서의 평생 잊지 못할 임종 때 모습. 지금 나는 아버지로부터 받은 그 무수한 것들을 품에 담고 소설을 쓰고 있다.

내 마음의 눈

도야마의 눈. 이렇게 글을 시작하지만, 내 마음은 마치 기계 장치처럼 차갑고 어두운 풍경을 떠올린다.

이 작은 일본에도 눈이 잦은 지역이 많다. 하지만 나에게 도야마의 눈은 특별하다. 그 하얀 눈이 결코 마음속에 순백으로 각인되어 있지 않다는 점에서 도야마 거리를 뒤덮는 눈은 특별하다. 내가 도야마 생활을 경험한 것은 열 살 때, 그것도 고작 1년뿐이었는데도 내 안에 줄기차게 내려서 쌓이는 눈은 도야마의 그 납빛 눈이며, 다른 어떤 눈의 고장에도 없는 독자적인 것이다. 눈이 오기 시작하면 거리는 점점 납빛으로 변한다. 몸을 구부리고 걷는 사람도, 집들의 지붕도, 하늘도 학교 건물도 낡은 빌딩도, 시영 전철도, 시영 전철의 철길도, 나아가 사람들의 일상조차 납빛으로 변한다. 그런 기억이 내 마음에 선명히 남아 있다. 그래서 나는 도야마라는 곳이 싫었다. 거의 증오했다 말해도 좋을 정도의 감정을 품고 있었다. 그건 도야마의 눈에 대한 심정뿐만 아니라 이십몇 년 전 도야마에서 했던 여러 개인적인 체험 탓이기도 한데, 이렇게 문장으로 적으며 점점 마음속에 쌓여가는 눈을 바라보고 있자니 혐오와 미움의 밑바닥에서 역시 어쩔 수 없는 향수를 느끼는 자신을 발견하지 않을 수 없다.

 나는 3년 전, 도야마의 TV 방송에 출연하기 위해 딱 스무 해 만에 도야마를 방문했다. 녹화가 끝나고 역 앞 호텔로 돌아와서 한숨 돌린 후 침대로 파고들었다. 저녁 무렵부터 내리던 비가 그쳐 창밖 밤하늘에는 비 갠 뒤의 부드러움이 넘실거렸다. 나는 잠이 오지 않아서 창가에 앉아 담배를 피웠다. 그렇게 한밤중의 도야마 거리를 바라보고 있었다. 역 앞부터 도야마성 쪽으로 뻗은 대로에는 사람 그림자조차 없어서 젖은 아스팔트길이 호수의 표면처럼 빛나고 있었다. 겨울이 되면 이곳에 눈이 쌓이겠구나 생각했다. 그 순간 참을 수 없는 그리움이 나를 덮쳤다. 스무 해 전, 어릴 때 고작 1년을 보낸 도야마에서의 추억이 마치 내 소년 시절의 전부인 듯한 기분이 든 것이다. 문득 이시카와 다쿠보쿠가 떠올랐다. 박복한 그 시인이 고향을 미워하면서도 격렬하게 사랑했듯, 나 또한 제2의 고향이라 할 수 있는 도야마를 사랑하고 있지 않은가. 나는 언제까지고 밤이 깊어가는 도야마 거리를 멍하니 바라보며 눈이 오면 좋겠다고 생각했다. 분명 여름이 끝나가던 무렵이어서 눈 같은 건 올 리도 없었지만, 그때 나는 도야마의 그 음울한 눈을 바라보고 싶다, 정처 없이 눈길을 걷고 싶다고 격렬하게 생각했던 것이다.

　나는 하치닌마치 초등학교로 전학을 갔다가 1년 뒤에 다시 오사카로 돌아왔는데, 사이가 좋았던 반 친구들과 담임이었던 아라이 미치오 선생님을 그 뒤로도 쭉 잊지 못했다. 스무 해 만에 도야마를 방문했을 때 도야마시의 번화가인 사쿠라기초에서 요릿집을 하는 동창 하나가 자리를 마련해줘서, 그곳에 나이는 드셨지만 아직 정정한 모습의 아라이 선생님과 반 친구 몇 명이 모였다. 나는 얼굴을 전부 기억하고 있어서 모두를 놀라게 했다. 고작 두세 명의 여자 동창을 제외하면 이름까지 기억하고 있었으니, 나에 대해 전혀 생각나지 않는다, 그러고 보니 그런 학생이 있었던 것 같기도 하다는 정도밖에 떠오르지 않는다며 미안한 듯 말씀하시는 아라이 선생님의 표정은 내가 송구해질 정도로 진지했다. 동창들의 얼굴은 스무 해가 지났지만 전혀 변하지 않았다. 술기운이 돌자 그때까지 조용하던 친구 하나가 말했다.

"미야모토는 《반딧불 강》에서 도야마의 눈에 대해 전혀 하얗지 않다, 이상한 납빛을 내뿜는다고 썼던데 나도 정말 그렇다고 생각해."

　그러자 다른 친구 하나가 맞장구를 쳤다.

"가나자와랑 니가타의 눈도 알지만 도야마의 눈은 그것과 또 조금 다르지. 신기해."

다들 다음에는 눈이 오는 계절에 오라고 말했지만 나는 아직 그럴 기회를 얻지 못하고 있다.

대지

내 아버지는 중일 전쟁이 시작되기 전까지 대중국 무역을 했다. 전쟁은 그 나라 사람들 모두에게(특히 민중에게) 비참한 희생을 강요하는데, 아버지 또한 그 어리석은 전쟁 때문에 인생이 크게 틀어진 사람 중 하나다. 아버지에게는 중국인 친구가 많았다. 1년 중 절반을 상하이와 난징에서 보낸 적도 여러 번 있었다고 한다. 그러나 전쟁은 아버지로부터 사업을 빼앗고 중국인 친구를 빼앗았다. 아버지는 종종 어린 내게 중국 친구들의 이름을 들며 그 사람은 어떻게 지내고 있을까, 그 친구는 젊었으니 전장에서 죽었을지도 몰라, 하고 분노에 차 말했다. 술을 마시면 중국이 얼마나 광대한 나라인지 이야기해줬다. 그리고 한번 믿으면 결코 상대를 배신하지 않는, 신의가 두터운 중국인을 존경했다.

"처음 양쯔강을 봤을 때 난 속고 있는 줄 알았다. 이건 강 같은 게 아니라 바다라고 생각해서였지."

어린 나는 맞은편 기슭이 안 보인다는 강의 정경을 상상해봤지만, 아무리 애써도 그 한없이 큰 강을 머릿속에 그려낼 수 없었다. 아버지는 그 강에 2미터, 3미터나 되는 잉어가 숨어 있다고도 말했다. 졸작 〈흙탕물 강〉에는 거대한 귀신잉어가 등장하는데, 어쩌면 아버지의 이야기가 마음속 어딘가에 자리 잡아 무의식중에 내 작품 속에 떠오른 것인지도 모른다.

아버지는 자주 나에게 말했다.

"일본은 중국과 국교를 회복해야만 해. 일본 문화는 결국 중국으로부터 배운 게 아니냐. 일본인은 작아. 이런 조그만 나라에 살다 보면 사람까지 작아지거든. 언젠가 국교가 회복되는 날이 오면, 넌 반드시 중국의 대지를 보고 오너라. 배울 점이 많을 게야."

아버지는 1969년에 돌아가셨다. 결국 중일 국교가 회복되는 모습을 지켜보지 못한 채 이 세상을 떠난 셈이다. 물론 아버지는 정치가가 아니었다. 사업이 실패한 뒤로는 시정의 일개 서민으로서 불우한 만년을 보냈지만, 중국과의 국교 회복에 대해 저명한 정치가나 재계인에 결코 뒤지지 않는 열망을(요컨대 정치적, 경제적 이해를 초월한 열망을) 품었던 사람이었다. 그건 대체 어째서일까. 나는 이따금 생각해본다. 이제 평생토록 만나지 못할 중국인 친구들에 대한 그리움도 있었겠지. 하지만 그뿐만이 아니라, 아버지는 아마도 자신의 눈으로 본 중국의 대지에서 말로 표현할 수 없는 신비로움과 가능성을, 나아가 정신문화의 풍요로움을 간파하여 존경하고 동경하는 마음을 내내 가지고 있었던 것이 아닐까 한다.

  나는 올해(1983년) 9월 중순부터 약 2주 동안 중국을 여행할 예정이다. 아버지가 살아 계셨다면 무슨 일이 있어도 따라가겠다고 우기며 물러서지 않으셨겠지. 너는 분명 중국의 대지로부터 배울 점이 많을 게야. 서른 해 가까이 지난 지금, 아버지의 그 말이 선명하게 되살아난다.

도쿄는 싫어

여하튼 도쿄라는 일본의 도읍(?)에 대해서는 좋은 추억이 하나도 없다. 내가 처음 도쿄에 간 것은 대학교 3학년 겨울이다. 나는 대학에서 테니스부에 속해 있었고 일단은 레귤러 선수였다. 그것도 동호회나 취미 수준의 동아리가 아니라 체육회 경식 정구부라는 무서운 곳이었다. 우리 정구부는 이상한 인연으로 요코하마의 K대와 매년 정기전을 열게 되었다. 올해 우리 학교가 원정을 가면 내년에는 K대가 오사카로 오는 형태로, (판정 때문에 분쟁이 생겨 치고받고 싸워서 결별이라도 하지 않는 한) 영구적으로 계속하자고 정했던 것이다.

나는 태어나서 처음으로 신칸센을 타고 도쿄역 플랫폼에 내려섰다. K대 정구부원 열 몇 명이 부 깃발을 치켜들고 우리를 맞이했다. 캡틴은 캡틴의 집에, 부캡틴은 부캡틴의 집에, 매니저는 매니저의 집에 배정되었고 각각 역에서 헤어져 하룻밤 신세질 가정으로 향했다. 나는 부캡틴이었기 때문에 K대 부캡틴의 뒤를 따라 만원 버스에 올라탔다. 다리가 이상하게 길고 작은 얼굴에서는 유리구슬 같은 눈이 빛나는 K대 부캡틴은 손잡이를 잡고 미소조차 없이 "이자키입니다" 하고 말했다. 기묘한 녀석이구나. 이런 붙임성도 뭣도 없는 녀석의 집에 묵는 건가. 아아, 운도 더럽게 없군, 하고 생각했지만 그런 기색은 조금도 내비치지 않으려고 필사적으로 노력하면서, 그를 따라 나도 무표정한 얼굴로 "미야모토입니다" 하고 말했다.

이자키의 집은 고라쿠엔 구장 근처에 있었다. 지은 지 오래된, 그러나 방 개수가 많은 집이었다. 내가 "신세 좀 지겠습니다" 하고 이자키의 어머니께 인사하자 뭔가 혀 짧고 이상한 일본어가 돌아왔다. 어머니는 손녀인 듯한 세 살 정도의 여자아이에게 자신의 코를 만지게 하며 "노즈", 입술을 만지게 하며 "립" 하고 가르치고 있었다. 아니꼬운 집이구나, 싶었지만 그런 말은 결코 입 밖에 내지 않고 차려주신 저녁밥을 묵묵히 먹었다. 콘비프가 든 수프를 후룩후룩 먹으며 이런 이상한 걸 먹으라고 주다니, 하고 생각했다. 콘비프가 든 수프 같은 건 먹어본 적이 없었기 때문이다. 식사가 끝나자 이자키는 나를 자기 방으로 안내했다. 우리는 둘 다 어색하게 침묵을 지켰다.

나중에 안 사실인데 이자키에게는 4분의 1이던가, 8분의 1이던가, 네덜란드인의 피가 섞여 있었다. 게다가 어린 시절 결핵성 척추염을 앓아서 상반신이 성장하지 않은 반면 하반신은 길어졌기 때문에 키에 비해 다리가 이상하게 길어진 것이었다. 그리고 이 역시 훗날 알았는데, 이자키의 어머님은 미국에서 자라 그쪽 대학을 졸업하고 일본으로 돌아온 사람이라서 일본어보다 영어가 더 편했던 것이었다. 더 나중에 알았는데, 나와 버스를 함께 탔을 때 이자키도 속으로 자신의 불운을 한탄했다고 한다. 뭐야, 이 눈초리 사나운 말라깽이는. 이 무뚝뚝한 녀석을 하룻밤 재워줘야 한단 말인가. 넌더리가 나는군. 이자키는 그렇게 속으로 중얼거리며 버스를 타고 있었던 것이다.

방에 앉은 나와 이자키는 서로의 얼굴을 훔쳐보며 눈치를 살폈다. 잠시 후 다소 머뭇거리며 이자키가 말했다.

"미야모토 씨는 술은 좀 하세요?"

"네에, 조금요."

그러자 이자키도 높은 코끝을 빛내며 말했다.

"저도 조금은 마십니다. 술이라도 마실까요?"

"그렇군요. 그럼 조금만."

"내일 시합이 있으니 조금 마시다가 빨리 잡시다."

그런데 나와 이자키의 '조금'은 세상 사람들이 말하는 '조금'과 기준이 약간 달라서, 위스키를 한 병 다 비우고 나서 또 서로를 힐끗힐끗 쏘아봤다. 양쪽 다 잠자는 사자의 코털을 건드린 상태가 된 것이다. 얼마 뒤 이자키가 또다시 머뭇머뭇 말했다.

"요 근처에 아와모리*를 파는 가게가 있는데, 가시겠습니까?"

"아, 그렇군요. 가볼까요?"

나와 이자키는 아와모리를 잔뜩 마시고 밤 한 시에 집으로 돌아왔다.

"좀 취했습니까?"

이자키가 풀린 눈으로 물었다.

"취기가 조금 올라오는 것 같군요."

"미야모토 씨, 꽤 세네요."

"이자키 씨도 어지간하네요."

이윽고 우리는 누가 먼저랄 것 없이 쿡쿡 웃음을 터트렸고, 이렇게 된 이상 끝장을 보기로 했다. 이자키는 방에서 나가더니 잠시 후 외국산 위스키를 가지고 돌아와 잔뜩 꼬인 혀로 말했다.

"형 것을 훔쳐왔어. 신경 쓰지 마. 이봐, 미야모토, 마시자고."

"엇, 이건 올드파잖아. 잘 먹겠습니다."

나와 이자키는 병을 절반쯤 비웠을 때 이불 속으로 들어갔고, 거기서 또 홀짝홀짝 마시며 날이 밝을 때까지 화투를 쳤다. 한 시간 정도 선잠을 잤을 때 어머님이 우리를 깨웠다. K대 테니스코트에 아홉 시까지 모이기로 했으니 여섯 시에 일어나지 않으면 제시간에 갈 수 없었다. 나와 이

---

* 오키나와의 전통술.

자키는 술내를 풍기며 전철을 탔고, K대에 도착해서 취한 채로 시합을 했다. 이길 리가 없었다. 날아오는 공이 세 개로도 네 개로도 보였으니까. 나는 오사카로 돌아오는 열차 안에서 동료들로부터 호되게 질책을 당했다.

대학을 졸업한 뒤로도 이자키와 나의 만남은 이어졌다. 나는 광고회사에 취직했고 이자키는 어느 전기부품 제조회사의 무역부에 들어갔다. 어느 날 내가 그의 회사로 전화를 걸자 동료인 듯한 여자 사원이 "이자키 씨는 교통사고가 나서 다리가 부러져 입원 중입니다"라고 말했다. 나는 병원이 있는 곳을 묻고 휴가계를 낸 뒤 다음 날 신칸센을 탔다. 그 녀석은 어린 시절 큰 병을 앓아서 등이 안 좋은데, 거기다 다리까지 부러졌다니 어찌될 것인가. 초췌하게 침대에 누워 있는 이자키의 모습이 눈앞에 떠올랐다.

전철을 갈아타며 병원에 도착해 접수처에서 병실 번호를 물어봤다. 그러자 면회 시간은 세 시부터라고 했다. 시계를 봤더니 한 시라서 아직 두 시간이나 남아 있었다. 5분, 10분이라도 좋다, 오사카에서 일부러 급히 달려왔다. 금방 돌아갈 테니 만나게 해줄 수 없겠느냐고 부탁했지만 직원은 전혀 상대해주지 않았고, 차갑게 "세 시까지 기다려주세요"라고 말하며 창문을 닫아버렸다. 단 5분도 못 만나게 할 정도라면 상당한 중상임이 틀림없다고 나는 추측했다. 다시 전철을 타고 그럼 어떻게 시간을 때울까 생각하다가 도쿄역까지 돌아가고 말았다. 동서도 분간이 안 되는 도쿄다. 정처 없이 걷다가 길을 가던 사람에게 "여기가 어디인 가요?" 하고 물어보자 의아해하는 표정으로 "여긴 긴자예 요"라고 대답했다. 오오, 여기가 그 유명한 긴자인가. 그렇게 혼잣말을 하며 레스토랑 한 곳에 들어가 맥주와 비프커틀릿을 주문했다. 그리고 얼마 후 취기가 돌아 "옛날 그리운 긴자의 버드나무……" 하고 흥겹게 노래를 흥얼거리기 시작했다.

  나는 레스토랑에서 나와 긴자 거리를 걸었다. 대낮에 마시는 맥주는 빨리 취하는구나, 생각하며 카페에 들어가 커피를 홀짝이며 케이크를 먹었다. 그러다가 퍼뜩 이자키가 생각났다. 아참, 이러고 있을 때가 아니지. 이자키는 병원에서 중상을 입은 채 신음하고 있다. 나는 그 녀석을 병문안하러 온 것이다. 허겁지겁 위문품을 사서 병원으로 향했다. 주뼛주뼛 병실 문을 열고 안쪽을 들여다봤다. 6인실이었다. 이자키의 모습이 보이지 않았다. 병실 한가운데에 망연히 서 있었더니 "어라, 미야모토 아니야?" 하는 목소리가 들렸다. 돌아보자 문 옆 침대에 드러누운 이자키가 사과 껍질을 깎고 있었다.

  "뭐야, 엄청 건강하잖아?"

  나는 화가 나서 말했다. 이 자식, 사람이 걱정돼서 일부러 오사카에서 병문안을 왔는데 유들유들한 얼굴로 사과 껍질을 깎고 있다니, 어찌 된 일이냐. 나는 위문품 상자를 이자키의 깁스에 던지며 "멍청아! 너 같은 건 죽어버려"라고 말하고는 병실을 나와 오사카로 돌아갔다. 다른 사람한테 너 같은 건 죽어버리라고 말한 벌을 받은 거겠지. 돌아오는 신칸센은 냉방이 지나치게 잘 가동되어서 나고야 부근부터 와들와들 떨기 시작했다. 나는 감기로 인한 고열로 그 뒤 닷새 동안 꼼짝할 수 없었다. 이자키와 나는 지금도 절친한 친구다. 그리고 지금도 도쿄에 가면 여하튼 제대로 되는 일이 없다.

비 오는 날 생각한다

비가 오려고 할 때는 기압의 영향으로 자율신경이 잘 흐트러져서, 그로 인해 까닭 없이 우울해지거나 두통에 시달리거나 지병이 도지기도 한다는 이야기가 있다. 여태까지도 짚이는 일은 몇 번이나 있었고, 특히 작년 봄 결핵으로 입원했을 때는 잔뜩 흐려지는 날씨와 함께 눈이 침침해지고 묘하게 숨 쉬기가 괴로워져서 '아아, 컨디션이 이상한데' 하고 생각하면 곧 후드득후드득 빗방울이 떨어지기 시작했다. 침대에 드러누워 빗소리를 들으며 잠시 선잠에 빠져 보지만 깊게 잠들지 못해 몇 번이나 눈이 떠졌다.

딱히 어딘가로 외출할 용건도 없는 주제에 얼른 비가 그치기를 빌며 하루 종일 병실 창문을 타고 흘러내리는 물방울을 바라보고 있었다. 그럴 때면 꼭 몇 년 전 학창 시절 새벽녘에 내리던 비의 부드러운 음색을 떠올리고는 했다.

대학 시절 나는 테니스 선수였다. 말은 이렇게 하지만 딱히 실력이 좋았던 것도 아니고, 자랑할 만한 시합 경력이 있는 것도 아니다. 그러나 대학 생활의 대부분을 오로지 테니스에 몰두했고, 아침부터 밤까지 그야말로 찬바람이 부는 날에도 태양이 작열하는 날에도 코트 위를 뛰어다니던 시절이 내 역사 속에 확실히 존재한다는 사실은 지금도 이따금 나를 아연하게 만든다. 그런 터무니없는 시절이 나에게 정말 있었던 것일까, 하는 심정이다. 특히 몸이 망가져 입원한 신세로서는 완전히 꿈같은 추억이라서, 이제 두 번 다시 그런 자신으로는 돌아갈 수 없다는 말로 표현하기 힘든 처량한 정신 상태에 내몰려 병실 안을 터덜터덜 맴돌아보는 것이었다.

그럴 때 나는 대체 대학 시절의 무엇을 떠올린 것인가. 당시는 테니스 연습을 쉬려면 두 가지 방법밖에 없었다. 부상이나 병으로 의사에게 진단서를 받거나, 비가 와서 코트가 질퍽거리거나. 꼭 그럴 때면 아무리 돌아다녀도 부상하나 입지 않았고, 병 같은 것과는 인연이 전혀 없었으니 나머지는 단비가 오기를 바라는 수밖에 없었다. 그것도 가랑비 정도로는 안 된다. 코트가 흠뻑 젖어서 사용이 불가능할 정도로 계속 퍼붓지 않으면 임시 휴가는 얻지 못하는 것이다.

그래서 테니스 부원이라면 누구나 빗소리에 민감했고, 지붕 기와에 가냘프게 닿은 가랑비 한 방울에도 번쩍 고개를 들며 "앗, 비다" 하고 외치고는 했다. 새벽 다섯 시쯤 갑자기 잠에서 깨어나 머리 위로 그 환희의 소리를 포착하면 벌떡 일어나 커튼을 젖혀본다. 한밤중부터 온 듯한 비가 마침내 본격적으로 퍼붓기 시작해 동 틀 녘 거리를 호수 표면처럼 빛내고 있다. '비다, 비다, 비다' 속으로 중얼거리며, '오늘은 연습 중지' 하고 멋대로 정하고는 다시 이불 속으로 파고들어 베개를 가슴에 꼭 껴안고 엷은 웃음을 띤 채 끝없는 잠 속으로 빠져든다.

하지만 모처럼 비가 오는 날, 더 자도 괜찮은데 여덟 시가 되면 허겁지겁 일어나 전철을 타고 대학교 근처의 찻집으로 뛰어든다. 거기에는 볕에 그을린 같은 테니스부 패거리가 벌써 네다섯 명 모여서 시치미 뗀 얼굴로 커피를 마시고 있다. 근처 여대의 테니스 부원들도 비 오는 날에는 연습을 하지 않아서, 그날만큼은 마음 편히 주스나 초콜릿 파르페 같은 것을 먹으며 우리 그룹에 끼기 때문이다. 각자 찍어둔 여자 선수가 있었으므로 비가 아침부터 오는 날이면 강의든 뭐든 뒷전으로 돌리고 찻집에 눌어 붙었다. 요컨대 비 오는 날만이 연습, 연습에 내몰리는 우리에게 주어진 장미와 안식의 날이었던 셈이다. 그날만큼은 세상의 어느 대학생들처럼 음악을 들으며 여성의 달콤한 향기를 코끝으로 감지할 수 있었다.

그 여대 테니스 부원 가운데 우리가 '우미인雨美人'이라고 부르는 아가씨가 있었다.

평소나 테니스 코트에 있을 때는 그리 눈에 띄는 타입이 아니었지만, 그렇게 비 오는 날 정오가 지난 찻집에서는 어쩐지 함초롬히 차분해서 다른 누구보다 매력적으로 보였다.

대체 그 이유가 무엇일까, 격렬한 토론의 대상이 되었으나 결국 결론은 내리지 못했다.

누군가는 습기와 적당한 어둠이 수수한 생김새에 어떤 기복을 부여하기 때문이라고 우겼다. 우산과 비옷 사용에 능숙한 게 아닐까, 라고 말하는 친구도 있었지만 우리 눈앞에 있던 건 우산도 비옷도 걸치지 않은 찻집 안의 그였다. 분명 눈에 띄지 않는 수수한 여성이었지만 혹독한 연습에서 해방된 학생들의 마음에는 그 사람의 부드럽고 고요한 몸동작이 유난히 도드라져 보였던 것이다.

나는 병실 침대에 누워 끊임없이 내리는 우울한 비를 바라보다가 그리운 태양과 앙투카 코트와 라켓의 무게를 떠올리고는, 고대해 마지않던 비 오는 날 아침의 환희와 같은 테니스 선수였던 여대의 우미인에 대해 생각한 뒤, 이대로는 안 된다, 기운을 내서 반드시 병을 고쳐보이자, 하고 홀로 끙끙 용을 써보고는 했다.

지금도 아주 가끔 그 우미인은 어떻게 지내고 있을까 궁금해질 때가 있다. 그 아가씨는 사실 지금의 내 아내다, 라고 말할 일은 뭐, 없겠지.

가구야히메*의 〈간다강〉

나는 내 발로 레코드 가게에 들어가 돈을 내고 레코드를 산 적이 거의 없다. 왜 그런가. 전축이 없었기 때문이다. 회사를 그만두고 소설을 쓰기 시작한 지 2년쯤 지난 무렵, 없는 돈을 탈탈 털어 책방에 갔다. 근처 레코드 가게에서 노래 한 곡이 흘러나왔다. 나는 인파 속에 우두커니 서서 귀를 기울였다. 레코드 가게의 젊은 직원에게 방금 나온 노래의 제목이 무엇인지 물었다. 그는 "〈간다강〉이에요" 하고 다소 얕보는 듯한 표정으로 가르쳐줬다. 이렇게 유행하는 노래를 모르다니, 라고 생각한 거겠지. 나는 꼭 갖고 싶은 책이 있었지만 〈간다강〉이라는 레코드를 한 장 샀다. 전축도 없었는데 말이다. 전축도 없는데 레코드판을 사는 것은 자학성을 띤 감상感傷일 뿐이다. 나는 당시 천 엔이었던 부의금을 마련하지 못해 친구 아버지의 장례식조차 가

---

* 1970년에 데뷔한 일본의 포크 밴드.

지 못할 정도였다.

  나는 소설을 쓰다 지치면 흔들어도 두들겨도 소리가 나지 않는 〈간다강〉 레코드를 바라보았다. 스스로가 한심해서 레코드 라벨을 매직으로 칠해 뒤덮어버렸다. 구입한 지 몇 년 만에 나의 전축으로 〈간다강〉을 들었을 때는 아주 행복하기도 했고 이상하게 슬프기도 했다.

  "당신의 상냥함이 두려웠어……."*

  이것은 노래가 되어 비로소 사람들에게 무언가를 전하는 한 소절이다.

---

* 〈간다강〉 가사의 한 소절.

설날 경마

 나에게는 설날에 돈내기를 하면 반드시 이긴다는 행운의 법칙이 있었다. 그래서 어느 해(벌써 7년쯤 전) 설날이 오기 전까지 약 석 달 동안 온갖 도박을 절제하며 만반의 준비를 해서 돈을 모아, 오로지 설날 경마 하나로 타깃을 좁혀서 큰 승부를 노렸던 적이 있다.
 도박이라면 끝장을 보지 않고서야 성에 안 차는 천성이라 어처구니없는 일을 몇 번이나 겪었는지 모른다. 당시 나는 조그만 광고회사를 다니는 박봉의 월급쟁이였으니 큰 승부라고 해봤자 뻔한 액수였지만, 그래도 두 달치 정도의 월급을 품에 넣고 교토의 요도까지 갔다. 아침이었는데도 만원 전철에서는 술내가 풍겼고, 난방도 너무 세서 이마에 땀이 흐르는 남자들이 예상지를 노려보며 득실대고 있었다. 나도 꼼짝할 수 없는 전철 속에 서 있었는데, 기분 탓이 아니라 실제로 누군가가 무릎 부근을 쿡쿡 찔렀다. 몸을 뒤틀어 좌석에 앉은 승객 쪽으로 시선을 던지자 같은 회사의 S씨가 나를 보며 웃고 있었다. "경마장 가세요?" 묻기에 그렇다고 대답하자 S씨는 "저도요"라고 했다. 다른 부서 사람이었고 회사 안에서도 거의 대화를 나눈 적이 없어서 그 뒤로 요도에 도착할 때까지 침묵이 이어졌다. 만원 전철에서 뱉어져 나와 플랫폼을 빠져나오자 내 뒤에 S씨가 있었다. 커다란 연을 든 아이의 손을 잡고 있었다. S씨는 요도 경마장에 연을 날리러 간다고 말했다. 경마장은 바람이 세게 불어서 연을 날리기에는 분명 최고로 좋은 장소다. 그래도 나는 S씨가 아이에게 연을 날리게 하고 자신은 마권을 살 생각이겠거니 했지만, 이야기를 나누다 보니 아무래도 연 날리기를 할 목적만으로 일부러 만원 전철을 타고 요도까지 온 모양이었다. 나는 회사에서도 니트 조끼를 입고 책상 앞에 앉아 있는 S씨의 뒷모습밖에 본 적이 없었다. 어디에 사는지도 몰랐고 언제 입사했는지도 몰랐다. 나보다 한참 선배라는 것만 확실했다.

우리는 4코너 근처의 잔디밭에 앉았다. 거기서 조금 떨어진 뒤편에 어린이용 유원지 같은 장소가 마련되어 있었기 때문이다. 날씨도 좋고 바람도 불어서 연 날리기에는 안성맞춤이었다. 나는 마권을 사러 갔고 S씨 부자는 연을 날리러 갔다. 경마장 안은 입장 제한을 걸어야 할 정도로 혼잡했다. 기모노를 입고 온 사람도 아주 많았다. 말들에게서도 왠지 설 분위기가 났다. 나는 천 엔짜리 지폐 한 장을 가슴 주머니에 넣었다. 나중에 S씨 아들에게 세뱃돈으로 주려고 했던 것이다.

내가 산 마권은 모조리 빗나갔고, 해가 슬슬 저무는 무렵에는 돌아갈 전철비와 세뱃돈용으로 빼둔 천 엔짜리 지폐 한 장만 남게 되었다. 원래라면 그 천 엔까지도 남김없이 다 써버리지 않으면 성이 차지 않는 나였지만, 하늘 높이 떠오른 연을 보고 있자니 아무래도 좋아져서 멍하게 잔디밭에 앉아 4코너를 통과해 달려가는 무수한 말발굽 소리와 몇 만 명이 내지르는 고함 소리를 듣고 있었다.

"성적은 어때요?"

S씨가 돌아와서 물었다.

"전부 빗나갔어요. 엇비슷하게 맞힌 것도 없고요. 빈털터리가 됐네요."

그러자 S씨는 만 엔짜리 지폐를 내밀며 말했다.

"모처럼 왔으니 좀 더 즐기는 게 어떻습니까?"

S씨가 하도 강하게 권하기에 나는 내키지 않는 마음으로 만 엔을 받아들고 창구로 가 마권 몇 장을 샀다. 그중 하나가 들어맞아 돈을 조금 되찾았지만, 두 경기나 연달아 딸 것 같지는 않아서 S씨에게 돈을 돌려주고 준비해둔 세뱃돈을 아들 손에 쥐어줬다. 우리는 혼잡해지기 전에 철수하기로 하고, 다시 나란히 걸어서 요도역으로 갔다.

그로부터 2년 뒤 나는 회사를 그만뒀다. 소설가가 되고 싶어서 충동적으로 사직서를 낸 것이다. 마지막 날, 나는 신세를 진 상사와 동료 들에게 인사를 하고 회사에서 나왔다. 지하상가로 내려간 뒤에 문득 S씨가 생각났다. 설날 경마장에서 만난 이후, 그것을 마지막으로 대화다운 대화를 나누지 않았던 것이다. 다시 한 번 회사로 돌아가 S씨에게도 인사해둘까 생각했지만 왠지 망설여졌다. 나는 누구에게도 소설가가 되고 싶어서 회사를 그만둔다고 말하지 않았는데 왠지 S씨에게는 말해버릴 듯한 기분이 들었기 때문이다. S씨는 그런 나를 결코 비웃지 않을 테지만, 그렇더라도 어떻게 격려하면 좋을지 당혹스럽게 만들 것이 뻔했다. 결국 나는 그대로 S씨에게는 아무런 인사도 하지 못했는데, 아쿠타가와상을 받았을 때 정중한 축하 전보를 받아 부끄러워졌다. TV에서 설날 경마를 보면 내 머릿속에는 늘 연이 떠오른다. 조끼를 입고 묵묵히 일을 하는 S씨의 뒷모습이 마음속에 떠오른다.

개찰구

데라야마 슈지* 씨의 경마를 주제로 한 에세이 가운데 〈사신을 찾아내라〉라는 제목의 작품이 있었다고 기억한다. 대학을 졸업하고 갓 회사원이 된 무렵, 어찌된 영문인지 경마에 지독하게 미쳤던 적이 있는데 그때 우연히 어떤 책에서 본 에세이다. 경마장에 가면 늘 마주치는 어느 왜소한 남자가 있다. 딱히 이야기를 나누는 것은 아니다. 문득 보면 마권 판매 창구에 서 있거나, 느닷없이 관람석을 가로질러 가거나, 결승점 앞 펜스에 기대어 그저 뒷모습만 보일 때도 있다. 이 남자는 데라야마 씨의 '사신'이라서, 녀석의 모습을 본 날이면 이제 어떤 마권을 사도 죄다 빗나가 갑자기 단순한 종잇조각으로 변해버린다.

그래서 경마장에 들어서면 제발 그 사신을 마주치지 않기를 빌면서도 눈으로는 저절로 여기저기를 살피고 만다.

---

* 시인, 극작가, 영화감독 등 다방면에서 활동한 일본의 문화예술인.

사신이 모습을 드러내지 않는 날은 일이 잘 풀린다. 감이 예리해져서 연전연승이다. 그런데 너무나 좋은 흐름에 기뻐하며 그 사신의 존재조차 잊을 즈음이면 녀석은 갑자기 모습을 불쑥 드러낸다. 예시장*의 인파 속에 숨어 있거나 관람석 한구석에서 맥없이 어깨를 떨구고 앉아 있다. 그러면 이제 망한 것이다. 이 이름도 성도 모르는, 자신이 멋대로 사신이라고 명명한 남자의 모습을 목격한 순간 운은 그 자리에서 홀연히 사라지고, 그때까지 벌어들인 돈도 조금씩 줄어들며, 마지막에는 빈털터리가 되어 경마장 앞 '무일푼의 언덕'을 오르는 처지가 된다. 분명 그런 내용의 에세이였던 것 같다.

마침 나도 경마에 미쳐서 일요일이면 교토의 요도 경마장이나 니가와의 한신 경마장을 찾던 시기였기 때문에, 이 〈사신을 찾아라〉라는 에세이를 읽고 내게도 나만의 '사신'이 존재하는 것이 아닐까 생각했다. 그래서 경마장에 가면 이따금 눈을 바쁘게 굴리며 그런 느낌을 주는 듯한 남자를 일부러 찾아보고는 했지만 신경 쓰이는 사람은 나타나지 않았다. 그런데 얼마 뒤, 역시 내게도 '사신'에 해당하는 인물이 있다는 것을 깨달았다.
  그는 경마장이 아니라 국철 오사카역 개찰구에 있었다.

---

* 경마에서 그날의 출전마를 관객에게 보이기 위한 장소.

개찰구 앞에 서서 전철 표에 가위로 표시를 하는 역무원으로, 땅딸막한 체형에 머리가 내 어깨까지밖에 안 오는 키 작은 중년 남자였다. 그 역무원이 나의 전철 표에 가위질을 한 뒤에는 아무래도 나쁜 일이 일어났다. 나쁜 일이라고 해봤자 계단에서 발을 헛디뎌 정강이를 세게 부딪치거나, 언제나 텅텅 비어 있던 전철이 딱 그날만 만원이라서 40분 가까이 쭉 선 채로 집에 가는 신세가 되는 정도의 대단치 않은 사건뿐이었다. 그런데 언젠가 역시 그 역무원 앞을 지나 전철 속으로 뛰어든 날, 집에 왔더니 지갑이 없었다. 몇 푼 남지 않은 월급과 전날인 일요일 긴 사진 판정 끝에 가까스로 확정된 적중 마권 다섯 장이 들어 있었고, 게다가 월급날까지는 아직 2주일도 넘게 남아 있었다. 나는 밤낮없이 펼쳐두는 이부자리에 풀썩 드러누워 천장을 바라보며 "그 녀석이다. 그 녀석이 내 사신이야" 하고 중얼거렸다.

국철 오사카역에는 서쪽 출입구, 중앙 출입구, 동쪽 출입구의 세 개찰구가 있었고 사신은 대체로 동쪽 출입구에 서 있었다. 그래서 나는 다음 날부터 코스를 바꿔 서쪽 출입구 쪽 개찰구로 나가기로 했다. 그렇게 2, 3일은 그 사신 앞을 지나지 않고 넘겼는데, 나흘째 되던 날 전철 표를 사서(회사원이었는데도 표를 따로 산 이유는 정기권 대금조차 마권을 사느라 써버렸기 때문이다) 개찰구 앞으로 가자 지금까지 서쪽 출입구에 섰던 적이 없는 그 푸르퉁퉁한 얼굴의 사신이 가

느다란 눈을 깜박이며 철컹철컹 가위질을 하고 있었다. 순간 중앙 출입구 쪽으로 돌아가려 했지만, 뒤에서 밀고 들어오는 인파에 휩쓸려 사신 앞을 지나가버렸다.

나는 조심조심 계단을 올라 플랫폼 뒤쪽에 섰다. 앞에 서 있다가 자칫 선로에 떨어져 그리로 전철이 들어오는 일이 생기지 않으리라는 법은 없으니까. 전철을 타고 있을 때도 몇 번이나 지갑이 무사한지 손으로 확인했고, 인상 사나운 남자 쪽으로는 결코 시선을 돌리지 않으려고 애썼다. 만약 눈과 눈이 마주쳐서 시비가 붙어 두세 방 얻어맞기라도 하면, 그야말로 그 사신의 소행이라고밖에 설명할 길이 없었다.

나는 오사카역에 가면 나갈 때도 들어갈 때도 서쪽 출입구, 중앙 출입구, 동쪽 출입구 중 어느 쪽 개찰구를 통과할지 고민하게 되었다. 그러나 그 사신 씨는 내가 가는 곳마다 개찰구에 서서 연신 바쁘게 가위를 놀리고 있었다. 서쪽 출입구로 돌아가면 서쪽 출입구에 있다. 설마, 하며 일부러 멀리 돌아 동쪽 출입구로 가면 꼭 거기에 서 있다. 에라이, 될 대로 되라, 하고 태연한 척 통과해서 일을 마치고 회사 근처의 마작장에서 동료와 마작을 하면 선에게 대삼원 패를 내줘서 호되게 당한다.

"아아, 사신이다. 사신이야. 그 아저씨, 어디 홋카이도나 규슈 부근의 역으로 전근이라도 가주지 않으려나."

나는 자포자기한 심정으로 패를 내팽개치며 혼잣말을

하고는, 오늘 밤에도 분명 내가 통과할 개찰구 앞에 서 있을 사신의 얼굴을 떠올리는 것이었다.

나는 5년 동안 다닌 회사를 1975년 여름에 그만뒀다. 스물여덟 살 때였다. 그 3년 전부터 심한 불안 신경증이 도져서 회사원 생활을 견딜 수 없게 되었다. 게다가 나는 오래 전부터 소설가가 되고 싶다는 꿈을 품고 있었다. 상당히 고민했지만, 나는 낮에 회사 일을 하고 밤에 소설을 쓰는 생활을 이어나갈 수 없어졌다. 회사에서 돌아와 열한 시쯤부터 소설을 쓰기 시작해 새벽 서너 시까지 작업을 계속하고 아침 일곱 시에 일어나 출근을 하는 나날이었는데, 몸이 약한 나에게 그런 턱없는 생활이 가능할 리 없었다. 얼마 지나지 않아 길을 똑바로 걷지 못하게 되었고 계단 대여섯 개만 올라가도 현기증이 날 정도로 지쳐버렸다. 이대로 그런 생활을 계속한다면 나는 분명 죽을 거라고 생각했다. 내게는 이미 아내와 자식이 있었지만 소설을 쓰고 싶다, 소설가가 되고 싶다는 꿈을 버릴 수는 없었다.

만약 내가 건강했다면 결코 소설가를 향한 길은 걷지 않았을 것이다. 불안 신경증이라는 당사자밖에 모르는 괴로운 지병이 나로 하여금 위험한 다리를 건널 결심을 하게 만들어줬다. 소설가를 지망하기 이전에 그 병이 회사원 생활을 강제로 단념케 했던 것이다.

회사를 그만둔 뒤 나는 사신 씨에 대해 완전히 잊어버렸다. 내 머릿속에는 어떻게 해서 좋은 작품을 쓸 것인가, 어떻게 해서 처자식을 먹여 살릴 것인가, 이 두 가지밖에 없었다. 내가 쓰는 소설은 모조리 인정받지 못했다. 지병은 좋아졌다가 나빠졌다가 하면서도 결코 내게서 떠나지 않았다. 그런 생활이 3년 정도 이어졌다.

어느 맑게 갠 날 나는 아내와 함께 오사카까지 갔다. 어떤 용건으로 갔는지는 까먹었지만, 그 무렵은 신경증이 심해져서 혼자 전철도 못 타는 상태였기 때문에 아마 아내에게 함께 가달라고 했을 것이다. 한신 전철을 타고 우메다로 향하는 도중에, 아장아장 걷는 작은 여자아이의 손을 잡은 초로의 남자가 맞은편 자리에 앉았다. 그가 그 개찰구의 사신 씨라는 것을 나는 금세 알아차렸다. 남자는 여자아이를 자신의 무릎에 앉히고 웃으며 무슨 말을 하고 있었다. 내 눈에는 3년 사이에 남자가 꽤 늙은 것처럼 보였다. 푸른색 양복을 입고 커다란 쇼핑백을 껴안은 그 남자는 매우 즐거운 표정으로 여자아이의 뺨과 어깨를 양손으로 어루만졌다.

아무 근거도 없었지만 나는 그 남자가 국철을 정년퇴직해 지금은 이미 개찰구를 떠났으며, 손에 익은 가위도 내려놓고 분명 다른 인생을 살고 있다는 것을 깨달았다. 여자아이는 아마 손녀겠지. 나는 이상한 행복감을 품고 사신 씨를 오랫동안 바라보았다. 그 지저분한 공기로 가득한 개찰구 앞에 몇 년이나 서서, 남자는 대체 몇 장의 전철 표를 가위로 잘라왔을까. 그런 것을 생각했다. 사신 씨는 여자아이에게 신발을 신겨주더니 온화한 웃음을 띠며 도중의 역에서 내려 내 앞에서 사라졌다.

열 권의 문고본

어릴 적부터 몸이 약했던 나는 자주 감기에 걸려 학교를 쉬었고, 고열이 사그라들 때까지 이불 속에서 꼼짝 않고 있다가 상태가 조금 괜찮아지면 책을 읽었다. 만화책일 때도 있었고 동화책일 때도 있었다. 책을 좋아했던 것이 아니라 당시는 지금처럼 다종다양한 장난감이 없었기 때문이다. 그러나 내가 정말로 소설을, 그것도 아이가 읽는 종류 말고 어른의 소설을 좋아하게 된 것은 중학교 2학년 때였다. 누군가에게서 빌린 이노우에 야스시의 《아스나로 이야기》를 읽고 소설이란 얼마나 근사한가 하고 감동했던 것이다.

마침 그 무렵 아버지가 사업에 실패해 집안 형편이 곤란했다. 나는 버릇없는 외동아들이었으므로 서점에서 읽고 싶은 책의 책등을 노려보며, 어머니의 지갑 사정을 알면서도 집요하게 사줘, 사줘, 하고 졸랐다. 그 바람을 이룰 수 없다는 것을 알면 볼멘 얼굴로 벽장 속에 숨어들어 나오지 않거나 방석을 걷어차고는 했다. 나는 나카노시마 도서관에 가서 책을 읽었는데, 그럴수록 내 소유의 책이 갖고 싶었다.

어느 날 어머니와 우메다의 번화가에 갔다. 무슨 용건으로 간 것인지는 잊었다. 여하튼 20년이나 지난 일이다. 어떤 남자가 상점가 길바닥에 돗자리를 깔고 앉아 있었다. 돗자리 위에는 오래된 잡지와 책이 무수히 난잡하게 놓여 있었고, 그 가운데 손때로 더러워진 문고본을 열 권씩 끈으로 묶어둔 것이 있었다. 가격을 물었더니 전부 한 쌍에 50엔이라고 했다. 사달라고 부탁하자 어머니는 지갑에서 10엔짜리 동전 다섯 개를 꺼냈다. 50엔이라도 우리에게는 큰돈이었다. 나는 남자에게 좋아하는 책을 열 권 고르게 해달라고 말했다. 남자는 성가셔하는 얼굴로 말했다.

"안 돼, 안 돼, 한 묶음씩 파는 거야. 그렇게 하면 끈을 전부 풀어야 하잖아."

나는 푼 끈은 전부 내 손으로 다시 묶겠다며 졸랐다. 남자는 떨떠름하게 승낙했다. 분명 열대여섯 다발 놓여 있던 문고본 가운데 나는 열 권을 골라냈고, 남은 모든 다발이 각각 열 권이 되도록 만들어 끈으로 다시 묶었다. 그것은 꽤나 시간이 걸리는 귀찮은 작업이었지만 어쨌든 나의 책 열 권을 손에 넣을 수 있었다. 레마르크의 《개선문》, 도스토옙스키의 《가난한 사람들》, 카뮈의 《이방인》, 다비의 《북호텔》, 이시카와 다쓰조의 《창맹》, 다카야마 조규의《다키구치 입도》, 히구치 이치요의《키 재기》, 미시마 유키오의《미덕의 흔들림》, 이노우에 야스시의《엽총·투우》, 도쿠다 슈세이의《사나움》. 이 열 권이었다. 그리고 이는 내가 읽은 문고본 열 권의 순서를 뜻하기도 한다.《개선문》을 처음으로 읽고, 그다음에는《가난한 사람들》을 읽고, 그러고 나서《이방인》을 읽는 식이었다.

이 가운데 중학생이 읽는 책이라면《키 재기》정도였을 것이다. 왜냐하면 그 책의 일부가 국어 교과서에 실려 있었기 때문이다. 어째서 그 열 권을, 남자의 명백하게 성가셔하는 시선을 견디며 골라냈을까. 그 또한 먼 옛날의 일이라 기억이 나지 않는다. 그러나 내가 노점의 돗자리 위에서 그 열 권의 문고본을 골라내어 중학교 2학년인가 3학년이 끝날 무렵 몇 번이나 되풀이해 읽은 것은, 불가사의한 하늘의 은혜임과 동시에 숙명이기도 했다고 생각하지 않을 수 없다. 나는 얼마나 훌륭하게 명작만 골라냈던가. 얼마나 훌륭하게 편향된 독서를 피할 수 있었던가. 그리고 얼마나 훌륭하게, 가장 순수하고도 흡수력 강한 나이에 그 작품들을 만났던가. 그것을 불가사의라고 하지 않으면 뭐라고 말해야 할까.

《가난한 사람들》은 그로부터 20년 뒤 나에게《금수》를 쓰게 했다. 다른 아홉 권도 내가 여태까지 쓴 작품에, 그리고 앞으로 쓸 작품에 영향을 끼쳤거나 끼칠 것이 틀림없다. 나는 열 권의 문고본에 등장하는 인물들로부터 몇백,

아니 몇천 명의 인간이 품은 괴로움과 기쁨을 알았다. 몇백, 몇천 개의 풍경으로부터 세계라는 것을 알았다. 몇백, 몇천 개의 작은 대화로부터 마음을 움직이는 법을 배웠다. 고작 열 권의 소설책을 통해서 말이다.

작고하신 사회평론가 오야 소이치 씨가 예전에 '일억 총 백치화'*라는 말을 한 적이 있다. 확실히 그 말은 지금 실현되고 있는 듯하다. 많은 젊은이들은 그때 즐거우면 되는 것, 순간적으로 폭소가 터져 나오는 것밖에 추구하지 않게 되어 인간의 영혼과 인생의 거대함을 전하는 소설을 읽지 않게 되었다. 그럼으로써 자기 자신을 바라보지 않게 되었다. 타인의 고통과 함께하지 못하게 되었다. 좋은 소설과 대치하려면 나름의 정력이 필요한데, 그 정력과 그에 동반되는 노력을 아끼며 사회로 나간다. 아버지가 되고 어머니가 된다. 무서운 일이다. 애석하게 여겨야 할 일이다.

나는 아무 장점도 없는 인간이고, 머리도 나쁘고 완력도 없으며, 제멋대로에 겁쟁이에 질투가 심하다. 하지만 단 한 가지 장점이라 할 수 있는 것을 말하라고 한다면, 내가 조금은 타인의 고통과 함께할 수 있다고 목소리를 살짝 낮춰 대답할 것이다. 대답한 순간 나의 마음에는 틀림없이 그 열 권의 손때 묻은 문고본 다발이 스쳐갈 것이다.

---

* TV가 보급되기 시작한 시기에 "TV라는 미디어는 저속해서 TV만 보면 일본 인구 1억 명 전체의 상상력과 사고력이 저하된다"라는 의미로 쓴 말.

정신의 금고

나의 〈별들의 슬픔〉이라는 단편소설은 오사카부립 나카노시마 도서관이 무대의 대부분을 차지한다고 말해도 좋다. "그해 나는 162편의 소설을 읽었다. 열여덟 살이었으니 1965년의 일이다." 이 첫 문장은 사실 그대로다. 나는 열여덟 살 때 대학 수험에 실패해 재수 생활에 돌입했지만, 수험 공부는 뒷전으로 돌린 채 나카노시마 도서관을 드나들며 러시아 문학과 프랑스 문학을 탐닉했다. 그 탓에 희망하던 대학에는 못 들어갔으나, 아마도 나에게는 최고의 재산을 마음에 저축할 수 있었던 한 해였을 것이다.

나는 나카노시마 도서관의 네오르네상스풍 건물이 좋다. 좌우에 있는 작은 입구의 어둠이 좋다. 담배 냄새에 찌든 흡연실이 좋다. 낡은 계단이 좋다. 나의 화가 친구가 최근 개인전을 열었는데 그중 〈천국으로 향하는 계단〉이라는 작품이 있었다. 멋진 그림인데, 그는 수많은 구매 희망자에게 정중히 사과한 뒤 그것을 팔지 않고 곁에 남겨두었다. 그 그림을 봤을 때 나는 문득 나카노시마 도서관의 열람실로 향하는 계단을 떠올렸다. 나카노시마 도서관 건물 내부에 떠돌던 냄새가 마음 한구석에서 되살아나며, 무수한 소설의 첫 문장이 화살처럼 빠르게 지나가 나에게 용기를 북돋아주었다. 그곳, 강변의 비둘기 똥으로 뒤덮인 오래된 건물은 엄청난 정신의 금고였다고 생각한다. 고금의 명저, 이제는 구할 수 없는 귀중한 문헌이 소중히 보관되어 있는 거대한 금고다.

나는 여태까지 얼마나 많은 사람들에게 이야기했는지 모른다. 머지않아 다시 르네상스가 일어날 거라고. 그러지 않는다면 지구는 멸망해버릴 거라고. 그러나 대부분의 사람들은 허, 그런가요, 하고 애매한 대답을 할 뿐이다. 진정한 평화는, 달리 말해 전쟁을 저지할 것은, 보유하고 있는 무기의 수가 아니라 실은 문화의 힘이라고 믿는 나는 21세기에 르네상스가 도래하기를 바라는 인간 중 하나다. 열여덟 살 때 읽은 162편의 러시아와 프랑스 소설은 나의 내면에 깊게 침전해 딱 한 방울의 이슬을 뇌수에 떨어트렸다. 그것이 혀 위로 올라오면 모든 인간은 행복을 추구한다, 라는 말로 바뀐다.

개미 스토마이

1979년 연초부터 폐결핵에 걸려 입원했다. 그러나 내가 폐병에 걸렸다고 느낀 것은 그보다 3년쯤 전, 한창 〈흙탕물 강〉을 쓰고 있을 때였다.

처음에는 시민병원의 4인실에 격리되었는데, 너무나 지독한 식사에 두 손 들고 일부러 1인실이 있는 개인병원으로 옮겼다. 다인실과는 달리 번거로운 인간관계도 없어서 오로지 안온과 고요와 초조함에 휩싸인 나날이 시작되었다. 아침 일곱 시에 체온을 잰 뒤 우유와 빵으로 조식을 먹고 침대에 누워 라디오를 듣는다. TV는 환자에게 자극이 너무 강하고, 피비린내를 조금 풍기는 장면이라도 나오면 심장 고동이 1분에 90회 정도로 뛴다. 여하튼 조용한 1인실이라서 자신의 심장 고동이 몹시 크고 또렷하게 귓전을 때리는 것이다.

월요일과 금요일은 스트렙토마이신을 주사하는 날인데, 이날은 하루 종일 불쾌한 느낌이 온몸을 덮친다. 약의 부작용으로 인해 누가 뇌를 양손으로 단단히 잡고 살며시 옥죄고 있는 듯한 감촉이 밤 여덟 시 정도까지 계속된다. 그런 날은 라디오 스위치도 끄고 그저 침대 속에 들어가 있다.

단것을 떨어트린 채 그냥 뒀는지, 개미 한 마리가 침대 옆 작은 협탁 위를 기어가고 있었다. 보통은 단것을 찾아 수많은 개미떼 행렬이 생길 텐데, 언제 봐도 한 마리만 기어갔다. 게다가 자세히 보니 아무래도 매번 같은 적갈색 녀석인 듯했다. 무리를 떠난 개미 한 마리가, 필시 우연이겠지만 스트렙토마이신을 맞는 월요일과 금요일에만 나의 머리맡에 나타나는 것이었다. 그래서 나는 그 개미에게 '스토마이'라는 이름을 붙이고 쿠키 조각이나 잼을 주며 사이좋게 지냈다. 불쾌감이 강한 날이면 누운 채 이 '스토마이'의 움직임을 끝도 없이 멍하니 바라보며 지냈다. 언젠가 이 녀석이 모습을 보이지 않는다면 나는 퇴원할 수 있지 않을까 생각했다.

어느 날 갑자기 퇴원하라는 말을 듣고 내 방으로 돌아오자 '스토마이'가 협탁 위에 발라둔 잼을 핥아먹고 있었다. 나는 오랫동안 '스토마이'를 바라보았다. 몇 번이나 손가락으로 눌러 으깨버리자고 생각했는지 모른다. 관두자, 아냐, 으깨버리자. 승강이 끝에 나는 어째서인지 내 마음과는 정반대로 5개월을 함께한 '스토마이'를 집게손가락으로 으깨었다. 사람을 죽인 것과 같은(아직 죽인 적은 없지만) 두려움을 느꼈다. 어째서 그런 짓을 해버렸을까.

생명의 그릇

운이 나쁜 사람은 운이 나쁜 사람을 만나 서로 이어진다. 야쿠자의 곁에는 야쿠자가 모여들고, 편협한 사람은 편협한 사람과 친해진다. 마음이 맑은 사람은 마음이 맑은 사람과, 사기꾼은 사기꾼과 만나 어울린다. 실로 신기한 일이다. '유유상종'이라는 사자성어가 담고 있는 것보다 더 심오한 법칙이 사람과 사람의 만남을 만들어낸다고밖에 생각할 수 없다.

어째서 그런 천박하고 추잡한 남자에게 그렇게 성품 좋고 아름다운 여자가 시집을 갔을까, 하고 고개를 갸웃거리게 만드는 부부가 있다. 하지만 그런 커플을 곰곰이 관찰하다 보면 이윽고 아아, 과연 그렇구나, 하고 깨닫는 때가 온다. 그 남자와 그 여자는 눈에 보이지 않는 인간으로서의 밑바탕에 같은 무언가를 가지고 있는 것이다. 그것은 성벽性癖일 때도 있고, 불교의 단어를 쓰자면 숙명이나 숙업일 때도 있다. 이는 사업가의 경우도 마찬가지다. 성장해나가는 사람은 설령 아무리 사이가 좋더라도 부지불식간에 내리막길을 걷는 사람과 소원해지고, 어느 틈에 자기처럼 성장하고 있는 사람과 어울리게 된다. 신기하다고밖에 표현할 길이 없다. 작정해서 그리 되는 것이 아니라 저도 모르는 사이에 그렇게 되어버리는 것이다. 저항하고 또 저항해도, 자신이라는 인간의 핵을 이루는 부분을 공유하는 사람과만 이어진다. 그 무서움, 그 불가사의함.

나는 최근 겨우 이 인간 세상에 존재하는 수많은 법칙 중 하나를 깨달았다. '만남'이란 결코 우연이 아니다. 그렇지 않고서야 어떻게 '만남'이 한 인간의 터닝 포인트가 될 수 있겠는가. 내가 하는 말이 거짓이라고 생각하는 사람은 자신이라는 인간을 철저하게 분석하고 자신의 아내를, 혹은 자신의 친구를 철저하게 분석해보기 바란다. '만남'이 결코 우연이 아니었다는 사실을 알아차릴 것이다.

나는 이따금 참을 수 없이 외로울 때가 있다. 나에게는 절친한 친구가 없다는 기분이 들기 때문이다. 가까운 친구는 많지만 참된 친구는 한 명도 없다고 생각한다. 홀로 서재에 틀어박혀 소설을 쓰고 있으면 외롭고 또 외로워서 어찌할 바를 모르겠다. 그럴 때 나는 갑자기 전화 귀신이 되어 한밤중인데도 닥치는 대로 친구들에게 마구 전화를 건다. 그리고 기운 없이 넋두리를 늘어놓거나, 반대로 허세를 부리며 기세 좋게 일장 연설을 펼치기도 한다. 소설을 쓰는 건 이제 싫다. 나는 이미 지쳤다. 나는 기계가 아니다. 나는 텅 비고 녹슨 양동이다. 더는 아무것도 나오지 않는다. 앞으로 평생 소설 같은 건 못 쓸 것 같다. 그렇게 말하며 투정을 부리기도 한다. 전화를 받은 쪽은 귀찮기 짝이 없다. 그럼 내가 대신 써줄게, 하고 말할 수 있을 리가 없는 것이다. 나는 전화를 끊고 풀이 죽어 이불 속으로 파고들어, 방금 전 마구 전화를 걸었던 상대에 대해 생각한다. 그러면 그 몇 명의 친구들 또한 참된 벗을 가지지 못하는 이들이라는 것을 깨닫는다. 어떤 사람을 만날지는 그가 가진 '생명의 그릇'에 따라 달라진다.

말을 가지는 꿈

어린 시절부터 아버지를 따라 교토 경마장에 드나들었던 나는, 서러브레드*라는 생명체에게 나도 모르는 사이에 어떤 특별한 마음을 품었던 듯하다. 아버지는 조금 특이한 방식으로 마권을 사는 사람이었는데, 경기장으로 나온 말들을 가리키며 자기 마음에 드는 한 필을 나에게 알려줬다. 예상지의 추천 따위는 아랑곳하지 않고 어쨌거나 순간적인 감으로 한 마리를 골라냈다. 그런 다음 "넌 어느 말이 좋은 것 같으냐?" 하고 아직 여덟 살이나 아홉 살밖에 안 된 나에게 묻는 것이었다. 나는 울타리에서 까치발을 하며, 어린 마음에 강해 보이는 말의 등 번호를 자못 의기양양하게 아버지에게 말했다. 그러면 아버지는 자신이 고른 말과 내가 고른 말을 조합한 마권을 샀다. 빗나가더라도 신기하게 둘 중 한 마리는 연승식** 마권의 1, 2착마에 들

---

* 영국에서 재래종과 아랍 말을 교배하여 개량한 경주 말 품종.

어 있었다. 아버지가 고른 말이 포함될 때도 있었고 내가 고른 말이 포함될 때도 있었다. 그럴 때 예순 살이 다 되어 가던 아버지와 아직 어렸던 나는 진심으로 서로를 비난하며 빗나간 마권을 하늘로 던져버리고 웃거나 분통을 터트렸다.

그렇게 산 마권이 적중해 100엔당 2만 2,220엔이라는 배당이 붙은 적이 있다. 벌써 30년 가까이 지난 일인데도 배당 금액을 정확히 기억하는 이유는 그 숫자가 2로만 이루어져 있었기 때문이다. 아버지는 거기에 만 엔을 걸었다. 아버지가 고른 말은 첫 번째인가 세 번째로 인기가 좋았고, 내가 고른 말은 거의 아무런 주목도 받지 못하고 있었다. 아버지는 222만 2천 엔어치 돈다발을 품에 넣고 여유롭게 교토의 기온 거리로 쳐들어갔다. 물론 나도 데리고서 말이다. 어느 찻집에 들어가자 게이샤가 여러 명 다가왔다. 그중 몇 명의 게이샤가 쥘부채를 사용한 시시한 놀이를 나에게 가르쳐줬다. 나는 왠지 무척 즐거워서 그 유희에 흠뻑 빠졌다. 정신을 차리고 보니 아버지의 모습이 보이지 않았다. "아빠는요?" 하고 한 중년 게이샤에게 물어보자 "도련님은 우리랑 놀고 있으면 돼요. 아버지는 금세 오실 테니까요"라고 말했다. 아버지는 확실히 세 시간쯤 지나 자리로 돌아왔다. 그 세 시간 사이에 아버지가 무엇을

** 1, 2, 3착마 중 한 마리를 맞히는 한국 경마의 연승식과는 달리, 일본 경마의 연승식은 1, 2착마 혹은 1, 2, 3착마를 동시에 맞혀야 한다.

했는지 안 것은 내가 어른이 되고 나서였다.

나는 아버지와 함께 경마장에 가는 것이 너무나 즐거웠다. 그런데 아버지가 마권으로 한몫 잡은 날이면 어머니의 기분이 극도로 언짢았다. 경마장에서 나온 뒤 어디에 갔느냐고 나에게 집요하게 물었다. 어쨌거나 나는 아직 초등학교 2학년인가 3학년이었기 때문에 어머니한테는 잠자코 있는 편이 좋다고 어렴풋이 느꼈지만, 그 교묘한 유도심문에 넘어가 결국 사실대로 털어놓아서 한밤중에 부부 싸움을 하는 소리에 눈을 뜨고는 했다.

어느 맑게 갠 가을날, 나는 아버지와 경마장에 갔다. 그때 나는 아버지에게 말을 사달라고 졸랐다. "이번 장사가 잘 되면 두세 마리 사주마" 하고 아버지는 말했다. 하지만 '이번 장사'가 성공적으로 궤도에 오른 적은 단 한 번도 없었다. 아버지가 돌아가시고 벌써 십몇 년이 지났다. 말을 갖고 싶다는 나의 꿈은 사라지지 않았지만, 예탁료*만 해도 1년에 월급쟁이 연봉만큼의 돈이 필요하다는 사실을 알게 되었다. 나는 가난했던 시절을 떠올리며, 설령 내 책이 아무리 베스트셀러가 되더라도 그 꿈은 이룰 수 없겠구나 생각했다. 10엔이 없어서 사카이에서 오사카의 후쿠시마구까지 걸어 돌아왔던 저녁을 결코 잊지 못하는 나에게 경주마를 가질 도량이 있을 리가.

* 말의 사육과 관리에 드는 비용.

II

거리 속의 절

시텐노지四天王寺*는 거리 속에 있다.

이제까지 나는 시텐노지의 경내에 두 번 발을 내딛었다. 첫 번째는 지금으로부터 24년 전, 내가 열 살 때였고 두 번째는 이 문장을 쓰기 위해 취재차 방문한 1981년 봄이다. 열 살 때 기억에 남은 시텐노지와 그 일대의 풍경은 그저 잿빛 일색이었고, 아마도 비가 온 듯 흠뻑 젖은 아스팔트 길과 비둘기 몇 마리, 절에 인접한 어떤 건물의 긴 담장, 게다가 가람 기와의 빛바랜 광택이 묘하게 선명한 인상으로 마음에 각인되어 있다. 모든 것이 죄다 잿빛이었던 듯한 느낌이다. 추운 날이었다는 것도 기억이 나고, 어머니와 둘이서 시영 전철을 타고 갔던 것도 기억난다.

당시 우리 가족은 오사카시 기타구 나카노시마 7가에 살았다. 도지마강과 도사보리강 사이에 낀 길쭉한 섬처럼 생

---

* 593년 쇼토쿠 태자가 불교 진흥을 위해 세운 일본에서 가장 오래된 사찰.

긴 '나카노시마 지역'의 서쪽 끝에 해당하는 지점인데, 거기서 두 강이 합류해 아지강이라는 이름으로 바뀐다. 아마 나와 어머니는 가와구치마치 부근에서 시영 전철을 탄 다음 어딘가에서 다른 시영 전철로 갈아타 시텐노지까지 간 거겠지.

아버지는 평생을 끝없이 방탕하게 살다 간 사람이라서 내가 어렸을 적부터 아버지와 어머니 사이에는 언쟁이 잦았다. 그래서 어머니는 외동아들인 나를 데리고 자주 집을 나갔다. 앞으로 며칠은 돌아오지 않을 작정으로 가출했지만, 날이 저물면 결국 어디도 갈 곳이 없어서 다시 내 손을 잡고 터덜터덜 집으로 돌아갔다.

분명 그날도 그런 사정 때문에 특별한 목적도 없이 시텐노지까지 발걸음을 했던 것 같다. 내가 벌써 24년이나 지난 일을 나로서도 신기할 정도로 기억하고 있는 까닭은, 그로부터 며칠 뒤 우리 가족이 오사카를 떠나 새 세상을 찾아서 북쪽 지방 도야마로 출발했기 때문이다. 아버지는 도야마에 사는 친구와 함께 사업을 시작하려 했지만 어머니는 마지막까지 도야마 행을 반대했다. 그러나 아버지의 의지가 강했던 탓에 어머니는 따르는 수박에 없었다. 나는 어린 마음에도 이제 오사카를 떠나 눈으로 뒤덮인 미지의 땅으로 가야만 한다는 것이 쓸쓸했다. 1년 뒤, 사업에 실패해 무일푼이 되어 다시 오사카로 돌아오리라고는 그 시점에는 상상도 하지 못했다.

시영 전철이 지나가는 길 양쪽에는 점포 몇 채가 늘어서 있었다. 커다란 노포 한방약국의 쇼윈도에는 병에 든 살무사와 인삼, 정체를 알 수 없는 동물을 건조시켜 검게 변색된 것이 놓여 있었다. 거기서부터 참뱃길을 향해 걸었지만 나의 관심을 끄는 물건은 하나도 없었다. 나는 몇 번이나 집에 가요, 집에 가, 하며 어머니의 팔을 잡아끌었다.

북쪽 지역의 번화가나 상점가 신사이바시스지를 걸을 때 볼 수 있는 화려한 것은 없었고, 작은 탁자 위에 얇은 나무판을 늘어놓고 참배객의 요청에 따라 거기에 붓으로 뭐라고 써넣고 있는 노인의 모습이 몹시 초라하고 고독해 보였다. 언제까지고 걸어도 어머니가 말하는 절은 안 나오는 게 아닐까 생각했다. 시영 전철이 지나가는 굉음과 대중식당 몇 채와 꾀죄죄한 빌딩이 그 거리의 한 모퉁이를 빗속에서 한층 너저분하게 만들었다. 어수선한 거리이기는 했지만 어디까지나 차갑고 한산하다. 말로 표현하자면 그에 가까운 감정을 그때 나는 느꼈던 것 같다.

나는 연신 혼나며 걸었다. 더 기운차게 걸으라고, 어릴 적부터 귀가 닳도록 잔소리를 들었으니 아마 그때도 나는 비척대는 발걸음으로 여기저기를 두리번거리며 어머니를 따라갔을 것이다. 그러다 갑자기 시텐노지 경내로 들어섰다. 그때 우리가 사이몬마에西門前에서 동쪽으로 가서 석조 도리이*가 있는 서문을 통과해 들어갔다는 것을 지금 조사해보고 알았다. 비에 젖은 잿빛 길과 비둘기와 노부부 몇

쌍이, 내 기억으로는 소조상처럼 꼼짝도 없이 그곳에 있었던 것 같다. 모든 것이 서늘하게 시든, 적요에 휩싸인 광경이 사라지지도 않고 선명하게 내 안에 떠오르는 것이다. 경내를 터덜터덜 걸으며 어머니는 말했다.

"엄마가 시텐노지에 온 건 오늘이 처음이야. 오사카에 오래 살았는데 오히간** 때도 온 적이 없네. 오늘이 처음이자 마지막이 되겠지."

나도 이렇게 큰 절에 들어온 것은 처음 경험하는 일이라서, 대체 이 절에는 무엇이 모셔져 있냐고 어머니에게 물었다. 어머니는 여기저기를 둘러보며 아무래도 좋다는 듯한 말투로 대답했다.

"엄마도 몰라. 쇼토쿠 태자가 세웠대. 벌써 천 년도 더 전이래."

그때 거북 연못이 나왔다. 몇백 마리나 되는 검은 거북이 연못 수면에서 고개를 내밀거나 바위 위에서 등껍질을 둔탁하게 빛내며 꿈틀거리고 있었다.

하늘은 끝없이 어두침침해서 절도, 몇 안 되는 참배객도, 비에 흠뻑 젖어 손님을 기다리는 노점도, 모두 다 꾀죄죄한 거북의 색깔과 똑같아 보였다. 나는 분명 오사카를 떠

---

* 일본에서 신성한 곳이 시작됨을 알리는 문으로 흔히 신사 앞에 놓인다. 두 개의 기둥 꼭대기를 가로대로 연결한 형태다.
** 죽은 자를 애도하는 기간으로 춘분과 추분 당일을 중심으로 전후 각 3일을 합쳐 7일 동안이다.

나기 싫었을 터였다. 눈으로 뒤덮인 낯선 바닷가 도시로 가는 것이 어린 마음에도 외롭고 슬펐던 것을 기억한다. 하지만 아직 보지도 못한 도야마의 그 눈밖에 없는 음울한 땅보다, 이 시텐노지라는 대도시 한가운데의 거대한 절이 훨씬 더 변방의 모퉁이처럼 여겨졌다.

"도야마에 가면……"

어머니는 몇 번이나 나에게 말했다.

"도야마에 가면 아버지는 분명 열심히 일하실 거야."

"도야마에 가면 친구를 아주 많이 만들어서 눈싸움을 하고 눈사람도 만들며 놀려무나."

"도야마에 가면 공부 열심히 하고, 숙제도 까먹지 말아야 해."

그때마다 나는 어딘가 석연치 않은 표정으로, 무수한 거북의 움직임에 정신이 팔린 채 응, 응, 하고 건성으로 대답했다. 며칠 뒤 오사카를 떠나며 어머니는 슬퍼했고 또 나도 마찬가지로 침울했다. 나에게는 시텐노지라는 천수백 년의 역사를 지닌 고찰이 사람의 온기가 전혀 없는 거대한 폐허 같아서, 거북 연못 속에서 연못물과 같은 색깔의 딱딱한 몸을 서로 기대며 우글거리고 있는 몇백 마리의 거북들이 뭔가 흉물스럽고 기묘한 유령처럼 느껴졌다. 아니, 정확히 말하자면 그때 느낀 것이 아니다. 지금 이 문장을 쓰면서 당시를 떠올리고는 그렇게 느꼈을 내 어린 모습을 마음에 그리는 것이다.

우리는 가랑비 내리는 시텐노지 경내를 몇 시간쯤이나 걸었을까. 고작 2, 30분 만에 돌아갔던 것 같기도 하고, 날이 저물어 몇 안 되는 참배객의 모습도 사라질 때까지 딱히 할 일도 없이 본당과 오중탑과 주지스님 방을 서성거렸던 듯도 하다. 그 부분의 기억은 홀연히 소실되어 확실치가 않다.

"배고파요."

나는 어머니에게 호소했다. 우리는 참뱃길로 나와서 어느 대중식당에 들어갔다. 몇 가지 음식이 뒤섞인 냄새로 자욱한, 좁고 어두운 식당이었다. 무엇을 먹었는지는 잊어버렸지만 가게 주인인 듯한 노인이 나에게 말을 걸었던 것은 기억한다. 그 짧은 대화를 나는 신기하게도 정확하게 떠올릴 수 있다. 노인은 신문에 눈을 둔 채 이렇게 말했다.

"도련님, 어디서 왔지요?"

"후나쓰바시요."

"멀리서 시텐노지까지 참배를 하러 왔군요. 총명하기도 하지."

나는 참배 같은 건 하지 않았기 때문에 그대로 잠자코 있었다.

"시텐노지는 오사카의 절이에요. 그러니까 오사카의 도련님이라면 한 번은 시텐노지에 참배를 드려야 한답니다. 크고 훌륭한 절이지요?"

나는 애매한 표정 그대로 여전히 입을 다물고 있었다.

나는 이제 곧 오사카의 아이가 아니게 된다고 생각했다. 쉴 새 없이 눈이 퍼붓는 도야마의 아이가 되는 것이다. 그러자 갑자기 즐거워졌다. 얼른 도야마에 가고 싶어졌다. 아버지는 틀림없이 도야마에서 장사에 성공해 부자가 될 거라고 생각했다. 돈이 들어오면 아버지와 어머니는 싸움 같은 건 안 하겠지. 그러면 아버지는 이제 결코 약한 어머니를 때리지 않겠지. 나는 서둘러 밥을 다 먹고 어머니를 재촉해 자리에서 일어섰다. 참뱃길로 나온 나는 뒤도 돌아보지 않고 시영 전철역을 향해 잰걸음으로 걸어갔다. 시텐노지라는 오사카를 대표하는 명찰은, 그런 연유로 나에게는 시들고 쓸쓸한 잿빛 절이었다.

우리 가족이 도야마 생활에 실패해 다시 오사카로 돌아온 것은 그 이듬해 3월이다. 아버지와 어머니는 이미 모든 것을 잃었기 때문에 각자 돈벌이에 나섰고, 나는 아마가사키에 있는 친척에게 맡겨져 부모와 자식이 떨어져 지내는 생활이 한동안 이어졌다. 내가 중학생이 되던 무렵 겨우 가족 셋이 모여서 살 수 있게 되었다. 그러나 고된 생활은 그 후로도 오랫동안 이어졌다.

   내가 대학생 때 아버지가 죽었다. 아버지의 죽음 전후에 나는 오사카의 남쪽 지역 환락가인 도톤보리 일대를 술에 절어 돌아다녔다. 어머니와 둘이 살던 작은 연립주택에는 거의 돌아가지 않고, 바[bar]나 찻집에서 아르바이트를 하면서 나와 마찬가지로 도톤보리를 배회하는 정체 모를 젊은이들과 어울려 술과 도박의 나날을 보낸 것이다. 하지만 어째서인지 나는 남쪽 환락가에서 일하면서도 거기서 더 남쪽으로는 발걸음을 하지 않았다. 난바에서 남쪽으로 내려가면 다이코쿠초가 나오고, 거기서 더욱 남쪽으로 가면 덴노지天王寺*였다. 하지만 나에게 덴노지라는 지역은 완전히 다른 나라라 해도 좋았다. 혹은 어린 시절 딱 한 번 어머니를 따라간 시텐노지 일대의 인상이 나를 그곳으로부터 멀리 떼어놓았던 것인지도 모른다.

그래서 이번에 이 글의 취재를 위해 시텐노지에 간 것은, 열 살 겨울로부터 헤아려보면 24년 만인 셈이다. 그사이 나는 단 한 번도 덴노지라는 지역에 발을 들여놓지 않았다.

내가 찾아간 것은 마침 오히간의 중간 날이라서 덴노지역 앞에서 참뱃길로 향하는 길도, 참뱃길에서 경내로 이어지는 길도 인파로 북적였다. 길에는 노점이 끝없이 늘어섰고, 코트 같은 건 걸치고 있을 수 없을 정도의 봄 햇살이 공중에 떠도는 먼지를 또렷하게 비추었다. 시영 전철은 폐지되었고 길은 너르게 정비되었으며 새 빌딩과 세련된 카페가 늘어섰지만, 그곳은 분명 24년 전과 똑같이 어수선한 거리의 한복판이었다. 자동차의 배기음과 빌딩과 인파

---

* 덴노지역(驛) 및 그 남쪽에 인접한 지역으로 이곳에 시텐노지가 있다.

와 길 밑바닥에서 솟아오르는 소음에 둘러싸여 있으면, 거기서 엎어지면 코 닿을 곳에 천수백 년이라는 세월을 거쳐 온 쇼토쿠 태자가 세운 고찰이 있다는 사실을 결코 믿을 수 없다. 그러나 시텐노지는 어느 시대든 틀림없이 그곳에 있었을 터다. 게다가 어느 시대든 거리의 소리와 활력과 인파의 한가운데에서, 몇 번씩이나 가람의 소실燒失을 거치며, 내가 24년 전에 본 것과 같은 어떤 기묘한 적요함을 지녀온 것이 아닐까.

나는 어머니와 둘이서 가랑비가 내리는 참뱃길을 걸었던 기억을 떠올리며, 양쪽으로 끝도 없이 늘어선 노점 사이로 난 길을 걸었다. 헌옷을 파는 가게 옆에는 싸구려 단추를 파는 가게도 있었다. 잔멸치를 되에 담아서 파는 젊은이들도 있는가 하면 두껍게 쌓아 올린 김을 파는, 문신을 한 가무잡잡한 남자도 있었다. 다른 노점에서 볼 수 있는 아이들이 좋아할 법한 물건은 전혀 팔지 않았다. 고무줄만 파는 가게, 자투리 천만 파는 가게, 그런 가게들 틈에 되로 잔멸치를 파는 노점이 몇 군데나 늘어서 있었고, 양초나 법구를 취급하는 가게가 드문드문 보였다. 대체 누가 사는 것인지 신발 수리 도구만 점두에 늘어놓은 가게도 있었다.

그 어마어마하게 많은 노점들 사이의 길을 따라 어마어마하게 많은 사람들이 경내를 향해 느릿느릿 걸어가고 있었다. 끝없이 걸어도 사람들 무리와 노점뿐이라서, 나는 언제쯤 경내로 들어갈 수 있을지 초조해져 양초를 파는 부인에게 이대로 계속 가면 경내로 들어갈 수 있느냐고 물어봤다. 부인은 순간 의아한 표정으로 나를 바라보더니 "네, 쭉 가면 돼요" 하고 말했다. 시텐노지에 와놓고 무슨 얼빠진 소리를 하고 있는가, 이 인파를 보면 알 텐데, 그런 표정이었다. 그 말대로 걷다보니 24년 전과 마찬가지로 갑자기 서문 앞이 나왔다. 극락문이라고 불리는 서대문을 통과해 경내로 들어가니 그곳에도 셀 수 없이 많은 노점들이 가게를 차려놓고 있었다. 절 건물을 뒤덮을 정도로 노점들이 비좁게 북적이고 있었다. 이번에는 참뱃길에서는 보지 못한 어린이용 상품이 색색의 광택을 내뿜으며 손님을 기다리고 있었다. 지금은 사려고 해도 살 수 없을 오색찬란한 청량음료를 파는 가게도 있었다. 나는 돌아가는 길에 아이들에게 사주자고 생각하며 거북 연못으로 향했다.

쇼토쿠 태자가 시텐노지를 창건했다면 당연히 법화경의 정신을 계승하고 있을 것이다. 역사를 조사해보면 덴초* 2년(825년)에 태자묘廟에 법화문설法華聞說의 시를 바쳤다고 되어 있고, 덴초 6년에는 승려 엔닌이 강사가 되어 법화경과 인왕경을 강의했다고 한다. 그리고 시텐노지는 교리상 차츰 천태종에 가까워졌다. 하지만 그로부터 약 천 년 뒤, 제2차 세계대전 직후인 1946년에 천태종으로부터 독립하여

---

* 헤이안 시대 초기, 준나 천황과 닌묘 천황 때의 연호로 824~834년.

1947년에 화종和宗 개창을 선언했다고 한다. 화종이란 대체 어떤 종교인지 나는 알지 못한다. 무엇을 본존으로 섬기고 무엇을 근본 교의로 삼는 종파인지 나는 전혀 모르지만, 기나긴 세월이 시텐노지라는 고찰로 하여금 필연적으로, 혹은 어떤 피치 못할 역사의 흐름으로 인해 화종이라는 시텐노지만의 불교를 가지게 한 거겠지.

화종은 나에게 역시 종잡을 수 없는 종파다. 태자를 모신 제단도 있는가 하면 지장보살도 있다. 미륵삼존을 모신 탑도 있다. 게다가 거북 연못 앞의 돌무대에서는 어깨띠를 걸친 부인 몇 명이 찬불가를 부르고 있었고, 그에 맞추어 춤도 추고 있었다. 일본의 종교를 그러모아 천몇백 년 된 고찰의 대가람 안에 두고서 자, 좋아하는 대상에게 자유롭게 절하십시오, 하고 내팽개친 듯한 기분이 든다. 그 점은 아무리 생각해봐도 기괴하게만 여겨졌다. 그것이 시텐노지라는 곳이라면, 과연 그만큼 시텐노지에 어울리는 방식은 없다고 할 수 있을지도 모른다.

나에게는 24년 전, 어머니와 둘이서 걸었던 시텐노지 경내의 풍경이 아무리 해도 사라지지 않고 남아 있다. 그 어둡고 쓸쓸했던 시텐노지, 모든 것이 잿빛이었던 적막한 시텐노지, 당당한 역사를 자랑하면서도 사람의 온기가 느껴지지 않았던 시텐노지. 나는 오히간 중간 날이라는 시텐노지가 가장 활기찬 날에 태자님 앞에 멈춰 서서, 실은 오늘 맑은 하늘 아래 눈부시게 빛나는, 사람들이 떼를 지어

몰려드는 대가람은 결코 시텐노지 자체의 본질을 드러내지 않는다고 느꼈다. 사실 시텐노지라는 오사카 시내에 서 있는 절은 천몇백 년 전부터 어느 시대에서든 언뜻 활기찬 것처럼 보여도, 실은 늘 쓸쓸하게 시들어 있는 무언가를 그 밑바닥에 품어온 것이 아닐까. 이는 어떤 근거도 없는 나만의 상상이며, 비판도 아니거니와 부정 또한 아니다. 논리적 고찰이 빠져 있는 단순한 감회다.

내가 어릴 때 어떤 특수한 적요감을 품고 방문했던 그날로부터 오늘까지 24년 동안은, 시텐노지의 천몇백 년 역사 속에서 그야말로 꿈과 같은 한순간이라고 말하지 않을 수 없다. 그러나 그 꿈같은 한순간 사이에 시텐노지는 무엇 하나 변하지 않은 모습으로 거리 속에서, (내 눈에는) 어둡고 쓸쓸하며 한없이 무질서하고 어수선한 잿빛 한구석을 점령해온 것 같다. 그것은 분명 내가 관계했던 24년간뿐만 아니라, 스이코 천황 즉위 원년(593년)에 황태자로서 많은 일을 다스렸던 쇼토쿠 태자가 나니와*의 거친 땅에 시텐노지를 창건한 이래 여러 시대를 맞이하면서도 결코 잃지 않고 쭉 지녀온 시텐노지라는 절이 가진 본질 같은 것이 아닐까.

지장보살에 합장을 하는 부부를 보고, 태자상에 절하는 노인을 보고, 미륵삼존에 참배하는 노인회 사람들의 뒷모

---

* 오사카시와 그 부근의 옛 이름.

습에 시선을 던진 뒤, 나는 봄볕 속에 우두커니 서서 다시 한 번 시텐노지를 둘러봤다. 그리고 시텐노지가 의심의 여지없이 오사카라는 도시에 존재하며, 오사카인의 신앙의 땅으로서 오늘날까지 존재해왔다는 사실을 깨달았다.

나는 다시 노점 하나하나를 들여다보며 걸었다. 그러자 어디서 모여들었나 싶은 이 몇천 개가 넘는 노점들이 오히간 기간이 끝나 떠나버린 뒤의, 정연하고도 뭔가 황량한 경내의 모습이 마음속에 떠올랐다. 열 살이었던 내가 불안을 마음에 숨긴 어머니와 한 우산을 쓰고 걸었던 경내의 길이었다.

나는 아이 선물로 빨강과 노랑, 초록의 세 가지 청량음료를 샀다. 그 옆에 게다* 끈만 파는 가게가 있었고, 그곳 주인과 청량음료 가게 주인이 트럼프를 치고 있었다. 나는 청량음료가 너무 비싸서 그만 "이런 게 300엔이나 하다니"라고 말해버렸다. 주인은 트럼프를 치던 손을 멈추고 태평한 표정으로 대꾸했다.

"그럼 오사카 전체를 돌아다녀보세요. 이제 이런 건 어딜 찾아봐도 안 파니까요. 그걸 생각하면 500엔이라도 쌀 정도지요."

"시텐노지 다음에는 어디로 가세요?"

내가 물었다.

---

* 나무판에 끈을 연결해 발가락을 걸게 만든 일본의 전통 신발.

"어디든 가지요. 축제가 열리는 곳이라면 일본 어디든 상관없죠."

그로부터 며칠 뒤, 나는 볼일이 있어 난바까지 갔다. 금세라도 비가 쏟아질 듯한 날이었고, 백화점에서 쇼핑을 마치고 우메다로 돌아가기 위해 지하철역으로 내려갔다. 거기서 문득 다시 한 번 시텐노지를 봐두고 싶어졌다. 지하철로 두 정거장 정도니 마음만 먹으면 금방이라서, 목적지를 변경해 텐노지까지 갔다. 어머니와 걸었던 참뱃길로 들어서자 대중식당 하나가 꾀죄죄한 포렴을 늘어트리고 있었다. 내 기억이 틀리지 않다면 분명 그 가게에서 나와 어머니는 무슨 덮밥을 먹었을 터다. 그때 나에게 말을 건 노인이 건재할 것 같지는 않았지만, 나는 포렴을 젖히고 안으로 들어가 라멘을 주문했다. 내 동년배로 보이는 주인이 가게 안쪽에 앉아 있었다. 내부를 개장해 천장도 벽도 테이블도 흰색 계열로 통일되어 있었다. 나는 라멘을 다 먹은 뒤 주인이 내어준 차를 마시며 물었다.

"여기서 장사를 오래 하셨어요?"
"그렇죠. 할아버지 시대부터니까요. 벌써 서른네다섯 해는 되었네요."
"어릴 때 딱 한 번 이 가게에 온 적이 있어요. 예순쯤 되는 사장님이 계셨는데 이야기를 조금 나눴죠."
"……허, 그랬나요?"

주인은 그 말을 끝으로 침묵을 지켰다.
나는 가게를 나와 다시 참뱃길을 걸어 서문까지 갔다. 경내로 들어가 다시 한 번 시텐노지에 있는 것을 봐둘 생각이었지만, 흐린 하늘 아래에서 기묘히도 눈부시게 빛나는 무성한 새잎이 눈에 들어오자마자 나는 갑자기 불우한 채로 세상을 떠난 아버지를 떠올리고는 경내에 발을 들이지 않은 채 원래 왔던 길을 되돌아갔다. 초여름이었으나 거기서 보이는 시텐노지의 가람은, 나에게는 역시 온기 없이 황량한 건물로만 느껴졌다.

내가 사랑한 개들

"전철 길에 죽어 있는 개가 댁의 무쿠 아닌가요?"

동네 약국 주인이 한여름 이른 아침에 우리 집을 슬쩍 들여다보며 말했다. 나는 맨발로 달려가 곧게 뻗은 시영 전철의 철길 건너편을 흠칫흠칫 바라보았다. 철길에서 30센티 정도 떨어진 길 위에, 내가 사랑했던 생명체 한 마리가 죽어 있었다. 몸은 아직 따뜻하고 부드러웠다. 외상은 없어서 "아마도 시영 전철이 아니라 자동차에 치인 거겠지" 하고 약국 주인이 중얼거렸다. 그리고 자기 가게에서 커다란 종이 상자를 가져와 무쿠의 사체를 거기 담으라고 재촉했다. 무쿠는 아빠가 아키타견이고 엄마가 시바견이었으니 덩치가 꽤 컸고, 게다가 다들 무쿠라고 하지 않고 뚱뚱보라고 부를 정도로 살이 쪄 있었기 때문에 나 혼자서는 들어 올릴 수 없었다. 약국 주인이 하반신을 들고 내가 상반신을 껴안아 겨우 종이 상자에 넣을 수 있었다. 혼신의 힘을 다해 종이 상자를 안아 들고 혼자 비틀비틀 집으로 돌아가며, 열아홉 살이었던 나는 앞으로 평생토록 두 번 다시 생명체를 키우지 않겠다고 속으로 맹세했다. 모두 죽고 만다. 모두 이 세상에서 사라져버린다고 생각했다. 부모가 죽어서 이제 살아갈 방도가 없어진 새끼 비둘기를 내 품에서 키운 적이 있다. 옥수수를 으깨고, 유채 씨를 으깨고, 쌀을 으깨고, 그것들을 섞어서 물로 죽처럼 개어 스포이트로 먹였다.

"네가 잘 곳은 여기야."

몇 번이나 가르쳐줘도 새집에서 나와 내 품에 파고들었다. 그 때문에 아침에 눈을 뜨면 가슴이 똥투성이가 되어 있어서 어머니에게 늘 혼났다. 겨우 조금 날 수 있게 된 어느 날, 나는 옷장 위에 새끼 비둘기를 올려두고 방 끝에 서서 "자, 여기까지 힘껏 날아와 보렴" 하고 손뼉을 쳤다. 새끼 비둘기는 나를 향해 날았다. 하지만 거리가 너무 멀었던 탓에 도중에 힘이 빠졌다. 그리고 떨어졌다. 숯이 타오르는 화로 속으로 떨어진 것이다. 나는 절규하며 새끼 비둘기를 구하려 했지만 손 쓸 방법이 없어서 산 채로 불에 타는 모습을 지켜보는 수밖에 없었다.

내가 처음으로 기른 개는 덴스케라는 이름의, 한쪽 귀는 서 있는데 한쪽 귀는 접혀 있는 별난 잡종이었다. '손'도 '앉아'도 못 하는 주제에 죽은 척은 곧잘 했다. 초등학교 2학년이었던 내가 손가락으로 총을 만들어 "빵" 하고 외치며 쏘는 시늉을 하면, 그 자리에 풀썩 쓰러져 눈을 감는 것이었다. 다른 누가 해도 안 되었지만 내 손가락 권총에만은 죽어줬다. 어른들은 분통을 터트렸고 나는 의기양양했다. 그런 덴스케가 귀엽고 또 귀여워 견딜 수 없었다. 덴스케는 강에 빠져 죽었다. 나는 울면서 점점 가라앉는 덴스케를 보고 있었다. 겨우 긴 바지랑대를 가져온 아버지가 달려갔을 때는 덴스케가 이미 두 번 다시 떠오르지 않았다.

두 번째 개의 이름은 마리였다. 초등학교 6학년 때 내가 길에서 주워왔다. 어머니는 마리를 보고 질겁했다. 앞으로 2, 3일이면 새끼가 태어날 배였기 때문이다. 어머니는 새끼가 태어나면 반드시 버리고 오라고 말했다. 나는 머리털 나고 처음으로 생명체가 엄마의 몸 속에서 나오는 모습을 접했다. 나는 한숨도 자지 않고 어두운 곳에 숨어 마리의 몸에서 강아지 네 마리가 태어나는 광경을 지켜봤다. 두 마리는 데려가겠다는 사람이 나타났고 한 마리는 죽었다. 남은 한 마리에게 나는 무쿠라는 이름을 붙였다. 반드시 버리고 오라는 소리를 들었는데도 나는 어머니에게 매달려 마리와 무쿠를 기르자고 졸랐다. 어머니는 마지못해 허락해줬다. 그런데 한 달 뒤, 학교에서 돌아오자 무쿠의 모습이 보이지 않았다.

"글쎄, 어디 갔을까?"

어머니는 그렇게 말했지만, 그 말투에서 어딘가 망설임이 느껴졌다. 내가 필사적으로 무쿠를 찾자 어머니가 가만히 다가와 자초지종을 설명해줬다. 동네에 용달집이 있었는데, 길이 좁아서 유턴할 때 늘 우리 집 앞까지 후진으로 들어와 거기서 우회전하며 나갔다. 그날도 용달집 주인이 "늘 죄송해요" 하며 차를 후진시켰다. 강아지 무쿠가 자고 있었는데 아무도 알아차리지 못했다. 마치 공이 터지는 듯한 소리가 났다고 어머니는 말했다. 용달집 주인이 차 아래를 들여다보자 무쿠의 머리가 둘로 쪼개져 있었다.

아버지는 어떤 생각이 떠올라 애견숍에 갔다. 무쿠를 쏙 빼닮은 강아지를 찾기 위해서였다. 울고 있는 내 앞에 장바구니에 든 암컷 강아지가 놓였다. 나는 아버지에게 이건 무쿠가 아니라며 떼를 썼다. 나의 무쿠를 돌려달라고. 그러자 아버지는 나를 때렸다. 철부지 같은 소리 하지 마. 죽은 것이 살아 돌아올 리가 있나! 오늘부터 이것이 네 무쿠다. 아버지가 사준 개에게는 죽은 강아지와 같은 이름이 붙었다. 그런데 슬픈 사태가 일어났다. 마리가 미친 듯이 2대 무쿠를 물어 죽이려고 하는 것이었다. 게다가 신기하게 마리는 자기 새끼가 차에 치이는 현장을 보고 있지 않았는데도 용달집 주인에게 계속 격렬하게 짖어댔다. 사람 좋은 용달집 주인은 눈물을 글썽이며 "용서해줘. 알고 한 짓은 아니야. 부탁이니까 용서해줘" 하고 마리가 짖을 때마다 두 손을 모으며 사과했다. 그러나 마리는 용달집 주인을 용서하려 하지 않았다. 결국 아버지는 마리를 아는 사람에게 맡겼는데, 그로부터 두 달 뒤에 비쩍 말라서 죽었다. 아무리 맛있는 것을 줘도 입에 대지 않아서 쇠약해져 죽었다고 한다.

죽은 강아지 대신 우리 집에서 살게 된 2대 무쿠는 '느근한(たんわり)' 개였다. '느근하다'는 것은 오사카 방언으로 온화하다거나 느긋하다는 뜻으로 쓰는 말이다. 단순히 온화하고 느긋한 것뿐만이 아닌 더 깊은 뉘앙스가 담긴 말이지만 나는 그것을 잘 설명할 수 없다. 오사카 사투리에는 그런 심오한 표현법이 많은데, 이 졸문의 주제에서 벗어나니 다루지 않기로 한다. 여하튼 무쿠는 느근한 성격이었다. 결코 화를 내지 않았다. 어떤 장난을 쳐도 당하고만 있었다. 동네 사람들도 다들 무쿠를 귀여워했다. 도둑이 숨어 들어와도 짖기는커녕 일부러 문을 열어줄 거라고 말하는 사람도 있었다.

무쿠는 내가 열두 살 때 나타나 7년 뒤에 죽었는데, 그사이에 스물몇 마리의 자식을 낳았다. 그런 시기가 오면 여기저기서 수컷 개가 무쿠에게로 모여들었다. 아버지는 무쿠를 '대지의 어머니'라고 불렀다. 여자 중의 여자라고도 했다. "어떤 남자든 받아들이고 눈도 깜짝하지 않아"라고 말하며 웃은 적도 있다. 무쿠가 낳은 강아지 중 한 마리는 데려가겠다는 사람이 아무도 없어서 어쩔 수 없이 고로라고 이름 붙여 키웠다. 엄마 개와 성격이 정반대여서 누가 아무리 먹이를 주며 다가가려고 해도 꼬리를 흔들지 않았다. 나와 우리 부모님이 아니면 단호하게 따르지 않았다. 무쿠는 무쿠대로 귀엽고 고로는 고로대로 또 참을 수 없이 귀여웠다. 하지만 고로는 자기 엄마보다 먼저 죽었다. 병명은 잊었지만 간이 바이러스에 감염되는 병이었는데, 발병한 지 나흘째 되던 날 파란 액체를 토하고 내 무릎 위에서 숨을 거두었다. 나는 울보라서 태어나서 지금까지 몇 번을 울었는지 셀 수도 없지만, 고로가 죽었을 때보다 더 많이 운 적은 없다.

평생토록 두 번 다시 생명체는 키우지 않겠다고 맹세했을 텐데, 열흘 전 나는 비글종 수컷 강아지를 데려왔다. 덴스케, 마리, 무쿠, 2대 무쿠, 고로에 이은 여섯 번째 개다. 나의 어린 아들들에게 사랑할 대상을 주고 싶었기 때문이며, 생로병사라는 엄연한 법칙을 자연스레 인식시키고 싶었기 때문이다.

난키의 해안선

오사카의 덴노지에서 와카야마까지는 눈 깜짝할 사이지만 그 뒤가 길다. 열차는 한동안 해안선에서 멀어져 아무런 흥취도 주지 않는 비좁은 언덕과 귤밭 사이를 누비며 나아갔다. 그런데 선로가 구불거리기 시작하고 터널이 많아지자 창밖 경관에 어떤 박력이 더해졌다. 가레키나다해海의 묘한 물결과 구마노라는 땅이 가진 기괴한 술렁임이 속도를 줄여 달려가는 열차를 감싸기 시작했다. 앗, 드디어 들어갔구나. 나는 생각했다. 난키*의 해안선을 따라 여행할 때면 늘 그렇게 느끼며 경계하는 마음이 된다. 나와는 전혀 다른, 결코 양립하지 않는 다른 육체 속으로 들어간다는 불안이 덮쳐오는 것이다. 하지만 그리 생각하며 좌우를 두리번거려도 보이는 것은 밝고 화창한 바다와 코앞으로 다가오는 울창한 숲, 그리고 끝없이 이어지는 짧은 터널

* 와카야마현 남부에서 미에현 남부에 걸친 지역.

속 찰나의 어둠뿐이다. 우라니혼裏日本*을 여행할 때 느끼는 쓸쓸함과 황량함 같은 건 언뜻 보기에는 어디서도 찾을 수 없다. 그럼에도 불구하고 나는 가레키나다 해안을 따라 남쪽으로 남쪽으로 내려갈 때마다 야릇하게 용솟음치는 핏속으로 차츰차츰 휩쓸려 가는 듯한 기분을 맛본다. 나에게 난키는 두려운 곳이다. 왜 두려운지 모르겠지만 분명 거기에는 두려운 바다, 두려운 산이 있다. 그 풍토가 가진 말로 표현하기 힘든 어떤 생리에 대한 나만의 거부 증상이라고밖에 설명할 길이 없다.

어느 날 가족끼리 어딘가에서 1박이나 2박 여행을 하자는 이야기가 나왔다. 그러자 어머니가 가쓰우라에 가고 싶다는 말을 꺼냈다. 아주 오래 전 가쓰우라의 온천에 몸을 담근 적이 있는데 물이 아주 좋았다며, 모처럼 간다면 가쓰우라까지 가자는 것이었다. 나는 어머니와 아내, 두 어린 아들을 데리고 덴노지에서 열차에 올랐다. 그날 밤은 가쓰우라의 호텔에 묵으며 바다를 바라볼 수 있는 커다란 바위 욕탕에 들어갔다. 파도 소리가 다정했고 보름달에 가까운 커다란 달이 보였으며 물은 끈끈하면서도 부드러워서, 나는 늘 느끼는 무시무시한 불안의 습격도 받지 않고 느긋한 밤을 보냈다. 다음 날 유람선을 타고 바다로 나갔다. 저것은 무슨 소나무, 이것은 무슨 섬, 하는 가이드의

---

* 일본의 혼슈 중 동해에 면한 지방.

설명을 듣고 있었다. 햇빛에 눈부시게 빛나는 평온한 바다였다. 곧 배는 동굴처럼 뚫린 거대한 바위 구멍을 빠져나가 외해로 나갔다. 바람도 없어 잔잔한 바다였는데도 배의 흔들림에는 불길한 낌새가 있었다. 두 아들이 갑자기 울음을 터트렸고 아무리 달래도 그치려 하지 않았다. 무엇을 무서워하는지 모르는 채 아내는 아이들을 끌어당겨 두 팔로 감싸 안았다. 그때 내 안에 난키라는 토지에 대한 거부 증상이 치밀어 올랐다. 아무리 해도 설명할 수 없는 정체불명의 공포감이었다. 우리는 가쓰우라에서 신구로 가서 거기서 다시 덴노지로 향하는 열차에 올라탔다. 난키의 해안선은 보기만 할 때는 색다를 것이 전혀 없는 지루한 경치라서 얼른 덴노지에 도착해라, 하며 그저 창문 가까이로 얼굴을 가져가 숲과 바다를 바라보고 있었다.

오사카에 도착해 해 질 녘의 떠들썩한 거리에 발을 내딛었을 때, 나는 기슈*라는 나와는 흐르는 피도 솟아나는 땀도, 요컨대 모든 생리가 다른 풍토가 어째서인지 격렬한 매력을 가진 곳으로 여겨지기 시작했다. 거기서 자리를 잡고 살아갈 생각도 없고 마음이 쇠약해진 날 다시 찾아가보고 싶지도 않은, 어디까지나 나와는 인연이 없는 땅일 텐데. 하지만 어딘가 기묘한 한 점에서 내 무언가와 연관되어 있다는 느낌이 들기 시작한 것이다. 하지만 그런 느낌

---

* 와카야마현과 미에현 남서부에 해당하는 지역.

이 든 것은 가쓰우라에서 돌아와 혼잡한 거리를 걸었을 때뿐이었고, 그로부터 시간이 조금 지나자 온화하고 따뜻한, 게다가 어쩐지 요괴의 소행이라고밖에 여길 수 없는 불길한 술렁임을 감춘 먼 땅이라는 생각으로 돌아와버렸다.

형제

어떤 가정을 봐도 느끼는 점인데, 같은 아빠와 엄마 사이에서 태어났는데도 어째서 아이들의 성격은 제각각인 걸까. 이들이 정말 부모가 같은 형제일까 하며 그 성격 차이에 놀람과 동시에, 생명의 형성에는 유전학 같은 학문으로는 도저히 해명 불가능한 불가사의한 장치가 개재해 있다는 것을 깨닫는다.

나에게도 아들이 둘 있다. 형은 초등학교 2학년이고 동생은 1학년이다. 형은 착실하고 공부를 좋아한다. 가끔은 밖에 나가서 놀라고 말해도 집에서 책을 읽는다. 그 대신 운동은 전혀 못한다. 동생은 그야말로 정반대여서 50미터 달리기에서도 팽이치기 시합에서도 언제나 1등이다. 골목대장이고 흙투성이가 되어 논다. 그러나 공부에는 도통 재주가 없다. 필통에는 부러진 연필이 한 자루 들어 있을 뿐이라서 아내에게 늘 혼이 난다. 아무리 혼내도 한 귀로 듣고 한 귀로 흘려버리는데, 이는 학교에서도 마찬가지인 듯

지난번에 아내는 담임선생님으로부터 "너무나 산만하다"라는 말을 들었다. 하지만 요즘 애들 치고는 드물게 통이 커서 교사로서 어떻게 대처하면 좋을지 고민이라고도 했다 한다. 걱정스러운 표정의 아내에게 나는 말했다.

"내 아들 치고는 둘 다 훌륭해."

나는 어린 시절 공부를 싫어했고 운동도 잘 못했고 친구를 사귀는 것도 서투른 데다 제멋대로에 울보에 병약하기까지 했다. 가정교육을 어떻게 하고 있느냐고 담임선생님이 물을 때마다 아버지는 태연하게 대답했다.

"사람을 배신하지 마라, 남의 것을 훔치지 마라. 이렇게만 교육하고 있습니다. 매화나무에서는 장미꽃이 피지 않습니다."

악마가 난다

지난번에 본지*를 보고 깜짝 놀랐다. 소련이 쏘아올린 코스모스 어쩌고 하는 레이더 장비 군사위성이 고장 나서 1월 23일쯤에 지구에 떨어진다고 보도되었기 때문이다. 게다가 그 코스모스 어쩌고 레이더는 원자력으로 작동하기 때문에 낙하지점 주변은 광범위하고도 강력하게 오염된다고 한다. 미국이 흘린 허위 정보가 아닐까 생각했지만 그 뒤 소련이 사실이라고 인정했다.

우리 머리 위로 몇십, 몇백 마리의 악마가 날고 있다는 점은 틀림없다. 만약 그 고장 난 비행물체가 크렘린 궁전으로 떨어지면 사람들은 단순히 꼴좋다고 말할 수 있을까. 또 두 강대국과는 전혀 관계없는 다른 나라가 피해를 입어도 "적당히 해라!"라는 말만으로는 안 끝나지 않겠는가. 인간은 심원한 생물이다. 또한 동시에 아주 조악한 존재이기

---

* 저자의 연재 칼럼 "파도 소리, 바람 소리"가 실렸던 〈독서신문〉지. 이 책의 〈형제〉부터 〈각오〉까지의 글은 1983년 1~6월 연재 중에서 가져온 것이다.

도 하다. 그 인간이 만든 기계가 예상대로 움직이지 않는 것은 당연하다. 이제 그만 서로 무력으로 협박해서 만든 평화에 종지부를 찍었으면 한다. 무력에 의해 평화가 수립된 예가 역사상 있을까.

나는 그것이 어느 바다 한가운데로 살짝 떨어져주기를 빌 뿐이다. 그렇게 빌면서 사상이라는 것에 대한 상념에 빠졌다. 인간이 오염된 사상을 고안해내는 것일까, 고안된 사상이 인간을 오염시키는 것일까, 대체 어느 쪽일까. 없는 머리로 생각하며, 나는 아무래도 그 두 가지가 영원한 다람쥐 쳇바퀴인 것 같다는 기분이 들었다. 악마는 하늘뿐만 아니라 모든 인간들의 마음속에서도 날고 있는 것이다.

인간의 불안

굳이 따지자면 그리 예민한 편도 아닌, 올해 서른다섯 살 되는 여자가 있다. 나의 대학 시절 친구다. 결혼한 지 이미 10년이 지나서 자식도 둘 있다. 남편은 대형 제약회사에 근무하는 평범한 샐러리맨이다.

그런 그 친구가 어느 날 별 생각 없이 자신이 늙었을 때를 상상해봤다. 정말로 별 뜻 없이, 지금까지 한 번도 생각해본 적 없던 노후를 상상한 것이다. 그러자 무언가 정체를 알 수 없는 불안이 갑자기 마음속에 퍼졌다. 그런 것을 생각하는 건 관둬야 해, 하고 그는 다른 즐거운 꿈 쪽으로 마음을 돌리려 했다. 하지만 불안은 더더욱 커져갔다. 잠을 못 자게 되었고, 곧이어 자신의 심장 소리가 거슬리기 시작했다. 어떤 조짐도 없이 온몸에 닭살이 돋거나 아이의 목소리에 짜증이 솟구쳐 식욕도 잃었다. 나중에는 심장이 뭔가 이상하게 뛰고 있다는 생각에 온종일 사로잡히기까지 해서 그는 병원에 갔다.

내과 의사는 곧장 그를 정신과로 보냈다. 정신과 의사는 불안 신경증까지는 가지 않았지만 가벼운 노이로제인 것은 틀림없다고 설명하고 약을 주며 이렇게 말했다고 한다. "이런 황폐한 세상에서 정신이 조금도 아프지 않고 살아갈 수 있는 사람이 이상한 거예요. 당신이 정상적인 사람이라는 증거입니다."
　나 또한 같은 병으로 스물다섯 살 때부터 계속 고통받아온 몸으로서 그의 마음에 생겨난 불안의 근원이 무엇인지 잘 안다. 나는 그것을 '죽는 게 무섭다 무서워 병'이라고 이름 붙였다. 그러나 죽음에 대한 공포는 어떤 순간 인간에게 커다란 환희의 정체를 보여줄 때도 있다.

엘리트 의식

나는 잘난 척하는 녀석이 제일 싫다. 잘난 척하는 녀석이 정말 잘난 사람이었던 적이 없다. 의사, 대학 교수, 방송국 연출가, 작가 등등. 그런 직업을 가지면 사람은 자기도 모르게 오만해지는 모양이다. 아니, 그 반대인지도 모른다. 잘난 척하고 싶은 녀석이 자연스레 그런 직종을 고른다고도 볼 수 있다. 일부 신문기자도 그 한 예다. 미리 말해두겠는데 지금 예로 든 직업을 가진 사람 모두가 그렇다고 이야기하는 것이 아니다. 다만 그런 녀석이 많다고 이야기하는 것이다.

잘난 척하는 기자의 특징을 말해보자. 먼저 태도나 말투에 독특한 포즈가 함께한다. 취재해주는 거야, 기사로 써주는 거야, 하는 간접적인 포즈다. 직접 입 밖에 내지 않을 뿐, 눈빛이나 말투로 역력히 드러난다. 두 번째로 자신의 직업은 사회에서 엘리트 계급에 속한다는 의식을 역시 간접적으로 상대에게 알리려 하는 명백한 태도. 세 번째로 사내의 종파주의를 외부 사람에게도 숨김없이 드러내는 것이다. 내가 어떤 담당 기자에게 용건이 있어서 전화를 건다. 그 사람은 외출 중이다. 그러면 대신 전화를 받은 다른 종파의 기자는 다른 기업에서는 생각지도 못할 정도로 무례한 응대를 한다. 찬바람이 쌩쌩 부는 말투. '당신은 나와 아무 관계없어.' 그렇게 속으로 중얼거리는 목소리가 나에게는 뚜렷하게 들린다.

왜 그렇게 되는 걸까. 기자란 그렇게 잘난 사람들일까. 비가 오는 날이나 눈이 오는 날이나 묵묵히 신문을 배달하는 사람들이 훨씬 더 훌륭하지 않은가.

인간 줏대 제거 계획

이십몇 년 전, 아니 어쩌면 그보다 더 오래 전에 지구 어딘가의 어느 밀실에 각국 정치가들이 몰래 집결했다. 그 속에는 군사 기업의 수장도 섞여 있었다.

A국의 정치가가 "제2차 세계대전 때문에 민중은 이제 전쟁은 지긋지긋하다는 생각이 강해진 것 같습니다"라고 말했다. 그러자 B나라 대신이 낙관적으로 말했다.

"아니, 그런 걱정은 하실 필요 없습니다. 시간이 지나고 세대가 바뀌면 우리의 슬로건을 연호하며 전쟁을 하고 싶어 하는 멍청이가 나타날 테니까요. 민중은 단순해요."

듣고 있던 군사 기업의 수장이 반박했다.

"그렇게 간단히 생각할 문제가 아니에요. 때는 기다리는 것이 아니라 만드는 것입니다."

그리고 자신이 세운 계획의 초안을 각국의 우두머리에게 나누어주었다.

시끌벅적한 의견 교환 끝에 1980년대를 표적으로 삼은 위대하고도 교묘한 작전이 수립되었다. 이름하여 '인간 줏대 제거 계획'.

그 계획은 각 나라의 환경과 국민성을 충분히 계산해 작성하였으므로 각기 다른 작전이 망라되어 있었다. 그러나 목적은 하나. 다음 세대를 담당할 아이들을 결코 지적 수준이 높은 어른으로 성장시키지 않는 것이었다. 똑똑해지면 곤란하다. 자기네 뜻대로 움직일 수 없어지기 때문이다. 먼저 사치와 쾌락을 부여한다. 실로 저급하기 짝이 없는 문화를 만들어내고 온갖 매체를 이용해 그 안에 푹 잠겨 있게 한다. 학력 편중 사회를 만들고 어릴 때부터 가혹한 수험 공부로 내모는 등등.

의도대로 이 인간 줏대 제거 계획은 지금 순조롭게 열매를 맺고 있다.

문화란 무엇인가

지난번에 간사이에서 활약하고 있는 정신과 의사 다카야마 나오코 씨와 대담했다. 현역 임상의로서의 풍부한 체험과 리더십 있는 인품으로 뒷받침된 화제는 나에게 어떤 감명을 주었다. 한 조현병 환자가 필사적으로 치료한 보람 없이 결국은 그 어떤 치료도 소용없는 영역으로 추락할 때의 비통하다고도 할 수 있는 암울한 순간. 그리고 그때 다카야마 씨를 덮치는 말로 표현하기 힘든 의사로서의 패배감. 사람의 마음이 얼마나 깊고도 복잡 미묘한지를 재확인시켜준 대담이었다.

도중에 나는 질문을 하나 했다.

"어떻게 하면 점점 늘어나는 마음의 병을 없앨 수 있을까요?"

다카야마 씨는 그 자리에서 이렇게 대답했다.

"사람들이 다정해지면 돼요."

다카야마 씨는 분명 여러 사색을 거쳐 이 '다정함'이라는 말에 이르렀을 것이며, 또 아마 이 말이 다른 어떤 난해한 말보다 적절하고도 정확하다는 결론에 도달했을 터다. 다카야마 씨가 말하는 '다정함'이 예전에 자주 쓰이던 '다정함 지향'에서의 그것과는 전혀 다른 차원의 말이라는 점은 논할 여지도 없다.

  나는 결핵으로 입원했을 때 문화란 대체 무엇일까 생각한 적이 있다. 나는 문화란 인간을 사랑하는 것이라고 생각했다. 그 외의 말은 떠오르지 않았다. 병으로 고통받으며 오랫동안 입원 생활을 해본 적 있는 사람이라면 조금은 내 말의 의미를 알 것이다. 일본의 의료기관에서 일하는 공무원 중에는 타자를 사랑하는 마음을 잃은 사람이 많다. 문화국가란 다정한 사람들에 의해 성립되는 나라이지, 전자제품이나 무력이 완비된 나라가 아니다.

소설의 테이프화

한 달에 한 번 정도의 비율로 전국 각지의 도서관에서 편지가 온다. 귀하의 소설을 눈이 불편한 분들도 즐겼으면 하므로, 적합한 사람이 낭독해서 테이프에 녹음하고 싶다. 그러니 테이프화를 승낙해주십사 하는 내용이다.

 나는 그것은 아주 훌륭한 일이라고 생각한다. 하지만 승낙의 답장을 보낼 때 늘 나의 마음에 무언가 걸리는 점이 있다. 어떤 도서관이든 이것은 자원 봉사이니 죄송하지만 무료로 해주셨으면 한다고 적는 점이 마음에 걸리는 것이다. 돈이 필요한 것은 아니다. 나의 작품을 읽고 싶어도 눈이 불편해서 못 읽는 분께 테이프로 들려드리는 것은 작가로서도 기쁜 일이다. 한 푼도 받으려는 생각은 없다. 문제는 그 자원 봉사 작업을 하는 도서관과 동아리 측의 사고방식에 있다. 봉사 활동이므로 무료로 해달라고 쓴 문장의 행간에서, 그러는 것이 자못 당연하다는 식의 어떤 의무를 작가에게 강요한다고 느끼기 때문이다. 거절하면 왠지 내가 불친절하고 배려심 없는 인간이 된 듯한 기분이 든다. 자원 봉사이니 당신도 무료로 협력하는 것이 의무라고 진심으로 여기고 있는 게 아닐까, 그런 생각에 잠긴다.

한데 과연 내게 그런 의무가 있을까. 선행 위에서 안주하는 응석을 느낀다. 그 봉사 활동에 협력해야 할 의무를 지는 것은 정부이지 작가가 아니다. 무료로 테이프화하는 것이 당연하다고 여겨선 곤란하다. 그래서 나는 지난번에 500엔을 지불해주면 승낙하겠다고 써서 답장을 보냈다.

그 뒤로는 감감 무소식이다.

료칸의 서비스

예전에 규슈를 여행할 때 나는 호텔이 아닌 료칸에 묵었다. 화장실에 함께 있는 호텔의 좁은 욕조가 아니라 넉넉한 욕탕에 몸을 담그고 싶었기 때문이며, 여정旅情이라는 것은 서양풍 호텔보다는 역시 일본식 료칸에서 더 잘 맛볼 수 있지 않을까 생각했기 때문이다. 그리고 여행을 마치고 집으로 돌아와 이제 두 번 다시 료칸에는 묵지 않겠다고 결심했다.

그 첫 번째 이유는 요리다. 어떤 료칸에 묵든 같은 음식이 나온다. 특히 괘씸했던 점은 작은 쇠냄비에 팽이버섯이니 야채니 고기니 마구 넣고 고형 연료에 불을 붙인 뒤 나머지는 알아서 먹으라는 듯이 종업원이 방을 나가는 것이었다. 그 쇠냄비 속 요리는 대체 뭘까. 어떤 료칸에서든 반드시, 먹을 수 있는 것이라면 뭐든 상관 않고 처넣은 듯한 쇠냄비와 고형 연료 세트가 나온다. 그리고 그것이 맛있었던 적은 없다. 그 고형 연료의 불을 보고 있으면 그것만으로 어쩐지 서글퍼져서 먹을 마음이 들지 않는다. 그건 손님에게 돈을 받을 만한 음식이 아니다.

  두 번째는 조식 시간을 제약당한다는 점이다. 나는 여행을 하고 있다. 느긋하게 쉬고 싶다. 한데 대부분의 료칸이 아침 여덟 시 반부터 아홉 시까지 조식을 다 먹으라고 한다. 나는 열 시쯤까지 자고 싶은 마음을 억누르고 여덟 시 전에 일어나야만 한다. 무엇을 위한 여행인지 알 수가 없어진다. 그럴 바에는 호텔에 묵으며 나 좋을 때 식당에 가서 좋아하는 요리를 주문하고, 성에 찰 만큼 늦잠을 자는 쪽이 훨씬 마음 편하다. 료칸이 호텔에 손님을 차츰 빼앗기는 것은 당연한 일이다.

이국인

외국을 여행하는 것은 분명 육체적으로는 피로한 행위다. 열몇 시간이나 비행기 기내에 감금되는 것은 고통스럽고, 도착하면 도착한 대로 시차에 적응되지 않는다. 말도 안 통하고 풍습 차이에 당황하는 경우도 있다. 하지만 마음 어딘가가 느슨해지는 것을 느낀다. 그것도 마음의 어떤 중요한 부분이 평온해지고 편안해지는 것을 느낀다. 그건 어째서일까. 일에서 해방되기 때문이라고 말했던 사람이 있는데, 아무래도 그뿐만은 아닌 듯하다.

작년 가을, 나는 소설 취재차 서유럽에서 동유럽에 걸쳐 총 거리 4천 킬로미터에 이르는 여행을 했다. 서독, 오스트리아, 헝가리, 유고슬라비아, 불가리아, 루마니아의 6개국을 20일 남짓한 일정으로 돌아다녔으니 상당한 강행군이었다. 게다가 서독과 오스트리아 외에는 전부 사회주의 국가여서 상당히 신경 쓰이는 일도 많았다. 새벽 네 시에 일어나야만 했던 날도 있었고, 열 시간이나 열차를 탔던 날도 있었다. 그래서 호텔 침대에 누우면 몸이 녹초가 되어 입을 열기조차 싫을 정도로 지칠 때도 있었다. 그런데도 마음 어딘가가 느긋했다. 호텔 창문으로 외국의 밤거리를 바라보며, 이는 분명 내가 지금 이국인이기 때문일 거라고 생각했다. 상사맨이 사업을 위해 방문한 것이라면 이야기가 다르지만, 그렇지 않은 한 사람은 이국인이 됨으로써 무언가로부터 해방된다. 그러면 일본에 있을 때 나를 속박했던 것은 무엇일까 생각해봤다. 그때 내 마음에 떠오른 것은 인간으로 북적대는 시끄러운 폐허였다.

그것은 우리들이다

평론가 고바야시 히데오 씨가 작고하셨다. 나는 결코 고바야시교(敎)의 신자였던 적은 없지만, 그가 쓴 문장 딱 한 줄에 (그런 것을 그러모으면 무수한 한 줄이 된다) 어떤 구체적인 감동과 공감, 어떤 불가사의한 질타와 계발을 얻어왔다는 것을 새삼 느낀다.

이노우에 야스시 씨를 만나 뵈었을 때, 이노우에 씨는 고바야시 히데오 씨에 대해 의미심장한 말씀을 하셨다.

"고바야시 씨는 자신이 느낀 것밖에 쓰지 않았습니다. 그 정도로 자신이 느낀 것만 썼던 사람은 없겠지요. 대단한 일이에요."

고바야시 히데오 씨가 정말로 자신이 느낀 것만 썼는지 어쨌는지는 본인 말고 아무도 모르는 일이다. 하지만 나는 이노우에 씨의 말이 정곡을 찔렀다고 생각한다. 고바야시 히데오 씨는 아마 종교와는 관계없는 사람이었을 것이다. 하지만 어떤 시기, 그것도 꽤 젊었을 때 생과 사에 대해 끝까지 파고들어 고찰하는 시기를 가졌던 사람이리라고 생각한다. 그렇지 않고서야 〈랭보〉의 마지막 장章 몇 줄을 이렇게 단호하게 쓸 수 없었을 것이다.

"그는 강가의 자갈밭에 누워 강물을 마시려고 했지만 마실 도리가 없었다. 그는 랭보인가. 천만에, 그런 묘한 남자가 아니다. 그것은 우리다. 우리 모두가 죽기 직전의 모습이다."

랭보라는 인간의 정신과 그 말로에 대한 상념에 젖을 때, 나는 고바야시 히데오 씨가 정말 그렇게 느꼈고 느낀 그대로 글을 썼다는 것을 납득한다. 랭보도, 다른 숱한 천재들도 특별한 인간이 아니다. 사람은 죽음에 처할 때 그게 우리라는 사실을 틀림없이 알 것이다.

'감응'이라는 것

불교 용어 중 '감응感應'이라는 말이 있다. 문자 그대로 느끼고 응한다는 뜻인데, 단지 그것만으로는 정의되지 않는 심오함을 숨기고 있는 듯하다. 상사가 부하를 질책한다. 그 질책이 아무리 엄할지언정 상사에게 부하를 생각하는 애정이 있다면, 표정이나 말로 드러나지 않아도 상대의 마음에 감응한다. 반대 경우 역시 마찬가지다. 남의 행운에 축사를 늘어놓아도 마음 어딘가에 시샘이 있으면 상대는 틀림없이 그것을 알아차린다. 이 감응력은 살아 있는 것 모두가 지니고 있는 불가사의한 생명의 힘이다.

그런데 모든 사람이 지니고 있다 해도 그것이 특별하게 민감한 사람도 있는가 하면 둔감한 사람도 있다. 지나치게 민감하면 피곤하고, 지나치게 둔감하면 사람 마음의 미묘한 조짐을 알아차리지 못한다. 이 서로 감응하는 작용은 말이나 태도가 필요 없는 부분에서 어떤 신비성을 가지고 있다. 등을 돌리고 앉아 있을 뿐인데 상대가 아무래도 자신에 대해 좋은 감정이 아니라는 것을 느끼고, 그 느낌이 십중팔구 적중한다는 사실을 생각해보는 편이 좋다. 이런 단순한 예를 들 것도 없이 사람은 늘 무의식중에 서로 감응하고 있다.

  어떤 인간이든 깔봐서는 안 된다. 상대는 나의 마음을 잘 알고 있기 때문이다. 정치가는 민중을 얕봐서는 안 된다. 아무리 교묘한 여론 조작을 구사하려고 해봤자 끝까지는 속일 수 없다. 하지만 감응력이 둔감한 사람이 급속히 늘어나면 터무니없는 사태가 발생한다. 지금 이 현대는 작은 감응력은 뛰어나지만 큰 감응력을 잃은 사람이 많은 시대인 듯하다. 교내 폭력 문제도 그 한 예시일 것이다.

이상한 일본인

외국을 여행하며 나는 많은 것을 배웠는데, 일본인이라는 민족의 본성을 깨달은 것은 그중에서도 가장 큰 수확이었던 듯하다.

유럽 사람들은 일본인과 중국인과 베트남인을 구분하지 못한다. 이는 우리가 미국인과 영국인과 독일인을 구별하기 어려워하는 것과 마찬가지다. 발칸 반도의 벽촌에서 나는 마을 사람 여럿에게 "당신은 베트남 사람입니까?"라는 질문을 받았다.

호텔 로비나 레스토랑에서 동양계 얼굴을 발견하면 저 사람은 일본인일까 생각할 필요가 없다. 직관적으로 아는 것이다. 일단 옷을 잘 차려입었다. 그러면서도 어딘지 모르게 궁색한 인상에 소곤소곤 말한다. 처음에는 체격이 빈약해서 그렇게 보이는 걸까 생각했지만, 얼마 지나지 않아 그게 아니라는 사실을 깨달았다. 요컨대 일본인은 비열하리만치 횃대 밑 사내다. 집 안에서는 큰소리를 치지만 밖에서는 패기가 없는 것이다. 또 무리를 이루지 않으면 당당하게 행동하지 못하는 습성을 가지고 있다. 이는 오랜 쇄국 제도로 인해 몸에 익은 것이 아니라 일본인이라는 존재 본연의 민족성이다.

그러나 일단 무리를 이루면 이상한 난폭성을 드러낸다. 그 난폭성은 어디로 향하는가. 약자에게로 향한다. 폭력에 가담한다. 요 몇 년 사이 정치의 동향을 보면 명백하게 이상하다. 또 그 암흑의 시대로 되돌아가는 것이 아닐까 의심스럽다. 하지만 일본인은 화내지 않는다. 필시 일본인은 나라가 평화롭지 않으면 개인의 안온도 유지되지 않는다는 지극히 단순한 논리조차 깨닫지 못한 거겠지. 그리고 겨우 그것을 깨달았을 때는 권력자에 의해 무리 지어져 행진하고 있을 터다. 아아, 이상한 일본인.

숙성

 만난 적은 한 번도 없지만 1년에 서너 통, 마음이 담긴 편지를 보내주시는 분이 있다. 그 문면에는 늘 몸이 튼튼하지 않은 나를 염려하시는 심정이 넘치는데, 이제 소설을 쓰지 마라, 느긋하게 쉬어라, 또 쉬어라 하며 마치 멀리 떨어져 사는 어머니 같은 애정으로 그런 경계의 말씀을 해주신다.

 그분이 가장 최근에 보내신 편지에 깊은 생각을 하게 만드는 구절이 있었다. 그분은 1944년에 학교 선생님이 된 뒤로 40년 가까이 교단에 섰고, 지금도 현역 초등학교 교사로 일하고 계신다.

 "젊을 때는 나의 힘을 믿고 한 일이 아이들에게 곧장 결과로 나타나지 않으면 초조해졌습니다. 하지만 아이들은 하나하나가 모두 다른 생명의 리듬을 지니고 있지요. 기회가 무르익는 양상도 저마다 다릅니다. 술이나 와인을 만들 듯 제대로 숙성시켜서 때를 가만히 기다리면 머지않아 발효해 좋은 술이 됩니다. 그 기다림을 젊을 때는 하지 못했어요. 그래서 무턱대고 아이들을 주물러대서, 원래라면 내버려둬도 나올 싹을 짓밟아버렸지요. 지금은 아이들을 믿고 가만히 기다릴 수 있게 되었어요."

나는 그분이 맡은 반의 아이들은 행복할 거라고 생각했다. 그렇다, 우리는 잘 기다리지를 못한다. 그런데 무엇을 숙성시켜야 할지 알려면 역시 기다려야만 한다. 지금 청소년 문제는 매우 심각하다. 무조건 교사의 책임으로만 돌릴 수는 없을 것이다. 수험 교육으로 치달아 인간 교육을 잊은 교육자들의 좁은 도량 탓도 있지만, 그와 동시에 일본 정치의 탓도 있다. '인간'으로 키우기 위해서는 어떤 숙성을 해야 하는지, 그조차 몰랐던 일본 근대 사상의 저열함 문제이기도 하다.

발송인 불명

1년에 두세 통, 발송인의 주소도 이름도 쓰여 있지 않은 편지가 온다. 나는 그런 편지는 일절 봉투를 뜯지 않는다. 그런 편지에는 공통점이 두 가지 있다. 하나는 매우 두껍다는 점이고, 다른 하나는 글씨에 힘이 없다는 점이다. 이름을 대지 않는 것만 봐도 내용은 대체로 짐작 가지 않는가. 그래서 나는 봉투를 뜯지 않고 그대로 버린다.

지난번에 한 청년에게 전화가 왔다. 그는 "나를 깔보지 마"라고 했다. 내가 이름을 물어도 대답하지 않았다. 네놈에게 편지를 보낸 지 벌써 1년이나 지났는데 답장이 오지 않는다. 나는 반송용 우표까지 확실히 넣어뒀다. 오만방자한 새끼, 하고 알아듣기 힘든 목소리로 말하는 것이었다. 나는 독자로부터 편지를 받으면 대부분 답장을 보낸다. 하지만 일에 쫓겨 무심코 깜빡할 때도 있다. 그러나 1년 전에 우표가 동봉된 편지를 받은 기억은 없었기에, 그 청년에게 본인의 주소와 성함을 적으셨냐고 물었다. 봉투에는 적지 않았지만 편지 마지막에는 틀림없이 적었다. 그렇게 말하더니 청년은 다시 한 번 자기를 깔보지 말라며 으름장을 놓고 전화를 끊었다. 전에도 비슷한 전화가 왔는데 아내가 무척 겁에 질려서 이번에는 비밀로 해뒀다.

  이틀 뒤 밤, 아마도 같은 인물일 청년으로부터 다시 전화가 왔고 아내가 받았다. 나를 깔보지 마. 그렇게 말한 뒤로는 아내가 뭘 물어봐도 입을 다물고 있었다고 한다. 경찰에 신고할까, 하며 아내는 걱정스러운 얼굴로 나를 바라봤다. 나는 불쾌해서 책상 앞에 앉아서도 하루 종일 일이 손에 잡히지 않았다. 기본적인 상식조차 갖추지 않은 채 언제 어떤 경우든 모든 것을 남 탓으로 돌리는 젊은이가 늘고 있다.

타고난 재능

예전에 TV에서 세계적인 발레리노가 게스트로 출연해 인터뷰하는 모습을 봤다. 지적이고 예리해 보이는 금발 청년이었는데 어느 나라 사람인지는 까먹었다. 그 발레리노는 마지막에 이렇게 말했다.

"어떤 사람이든 각자 타고난 재능이 있다. 나는 그 재능을 길러나가려고 노력하는 것이 살아가는 것이라고 생각한다."

한 가지 길을 필사적으로 걸어온 사람이 아니고서야 할 수 없는 말이고 이를 수 없는 경지겠지. 까막눈이지만 맛있는 라멘을 만들 수 있는 사람이 있다. 다른 일은 아무것도 못 하지만 착용감이 좋은 신발을 만들 수 있는 사람이 있다. 꼭 그런 장인의 기술이 아니더라도 사람은 저마다 지니고 있는 특징이 반드시 있는 법이다. 발레리노는 그것을 타고난 재능이라고 표현한 거겠지. 그 천차만별의 특징을 갈고닦아 키워나가고자 하는 것이 살아가는 것이다, 라고 그는 말했다.

 정말 맞는 말이다. 하지만 대부분의 사람들은 자신에게 어떤 재능이 있는지 모르는 채 늙어간다. 설령 깨달았다 해도 그 재능을 키우기 위해 피비린내 나는 노력을 지속하는 사람은 드물다. 인간의 아름다움은 분명 용모에서 오는 것이 아니라 자신의 재능을 키우기 위해 집념을 불태울 때의 마음과 모습에서 드러나는 것이리라.

 나는 거절당하고 또 거절당해도 상품 하나를 팔기 위해 계속 걸어가는 세일즈맨을 존경한다. 매일매일 핸들을 쥐는 운전사를 존경한다. 눈의 통증을 참으며 교정지를 확인하는 편집자를 존경한다. 그 사람들은 어중간한 학자나 소설가보다 훨씬 훌륭한 인생을 살고 있다.

엄마의 힘

올해부터 우리 집에 가족이 하나 늘었다. 비글종 강아지를 기르게 되었기 때문이다. 개를 좋아하는 내가 데려왔다. 활발하게 뛰어다니던 녀석은 한 달도 채 되지 않아 큰 병에 걸려서 다 죽어갔다. 수의사에게 데려가자 백혈구가 급증했으니 무슨 세균에 내장이 감염된 것은 확실하다고 했다. 항생제와 해열제 주사를 맞고 일단은 열이 내려서 아이고, 하며 안심했지만 밤이 되자 고열이 나며 호흡이 거칠어졌다. 자는 아내를 깨우는 것도 가여워서 서재에 데려가 무릎 위에 올려두고 모포로 감싸 밤새 간호했다. 그런 상황이 이틀 동안 이어졌다. 수의사는 나흘째 되던 날 이제 괜찮다고 말했다. 나와 강아지 사이에는 드라마틱하게 깊은 유대감이 생겨났을 터였다.

그런데 강아지는 건강을 되찾자 나의 헌신적인 간호를 받아 목숨을 건진 일 따위는 완전히 잊은 양 아내만 졸졸 따라다닌다. 아내가 외출 준비를 하면 안절부절 못하며 킁

컹 짖기 시작한다. 그리고 아내가 집에서 나간 뒤에는 대소동이 일어난다. 나는 처음으로 개의 하울링을 들었다. 달밤의 황야에서 늑대가 하울링을 하는 소리는 영화에서 들은 적 있지만, 설마 집 안에서 그것과 똑같은, 애절함과 야성의 습성을 느끼게 하는 훌륭한 하울링을 들으리라고는 상상도 하지 못했다. 하울링은 10분이고 15분이고 계속된다. 아내가 돌아오면 체면 불고하고 마구 몸부림치며 기쁨을 표현한다. 내가 집에 오면 예의 차리는 정도로 꼬리만 흔들면서.

내 아내는 그 강아지에게 틀림없이 엄마일 것이다. 엄마라는 존재는 이길 수 없구나 싶다. 엄마라는 존재는 불가사의하리만치 끝 모를 힘을 지니고 있는 것이다.

확신

지금 나는 잡지 《신초^{新潮}》에 《준마^{優駿}》라는 소설을 연재하고 있다. 경주마의 세계에서 소재를 가져온 소설인데, 그 때문에 조교사와 기수 몇 명을 만났다. 여러 가지 흥미진진한 비화를 들었지만 한 기수가 헤어질 때 언뜻 흘린 말이 마음에 남았다. 직선 코스에 돌입해 두 마리의 말이 나란히 경쟁할 때, 승부를 결정짓는 것은 말의 능력이 아니라 기수의 기백이라고 한다. 그 결승 지점 앞에서의 싸움은 달리는 말이 아니라 기수와 기수의 싸움이라는 것이다.

나는 "그런데 기백이라 해도 둘 다 필사적으로 이기려고 하잖아요. 그렇다면 그 미묘한 기백의 차이는 어디에서 생기는 걸까요?" 하고 물었다. 그 기수는 잠시 생각하더니 이윽고 "확신이겠죠"라고 대답했다. "내 말이 이긴다, 절대로 지지 않는다, 하는 확신을 가진 쪽이 이깁니다."

그런 케이스에서는 이겼을 때도 졌을 때도, 나중에 생각해보면 자신의 확신이 강하거나 약했던 정도가 승패를 갈랐다는 것을 깨닫는다고 한다.

그것이야말로 모든 싸움의 요체구나 싶었다. 나는 폐병을 앓아 결핵병동에서 몇 개월을 보낸 경험상으로도 그 기수가 했던 말이 하나의 진리라는 사실을 안다. 반드시 병을 낫게 해보일 테다. 반드시 나을 것이다, 하고 확신을 가졌던 사람은 설령 중병이라도 의사가 깜짝 놀랄 만큼 빨리 퇴원해 나갔다. 반대로 그런 생각이 약한 사람은 무슨 약을 써도 병세가 호전되지 않았다. 기백. 확신. 그것은 불가능도 가능으로 바꾸는 불가사의한 작용을 인간에게 일으키는 거겠지.

다른 이야기지만 조교사나 기수조차 자신이 예상한 마권이 들어맞는 것은 1년에 네다섯 번이랍니다, 경마광 여러분!

순간과 영원

　어쩌다 가끔 학창시절의 아주 사소한 에피소드나 그때 내가 중얼거린 말이 떠오를 때가 있다. 그것이 초등학교 시절의 일이라 해도 늘 바로 한두 해 전의 일인 듯한 기분이 든다. 이는 나뿐만이 아니라 누구나 다들 그렇겠지. 잠시 후 손가락을 꼽아 세어보고는 "아아, 그로부터 벌써 20년이나 지났구나" 하며 놀란다.
　나는 지금 실로 당연한 일을 적고 있다. 하지만 이 당연한 일은 나를 가끔 엄숙한 기분에 젖게 한다. 우리의 인생은 얼마나 짧은가 생각에 잠기는 것이다. 막막한 공포를 느낄 정도로 무한한 시공인 우주 속에서, 우리가 설령 백 살까지 산다 해도 그 시간은 틀림없는 순간일 뿐이다. 게다가 우리는 그 순간의 인생 속에서 생겨났다가 사라지고, 또 생겨났다가 사라지는 찰나의 마음과 행동에 의해 움직인다. 그러면 순간은 즉 영원이라는 생각이 든다.
　나의 소중한 친구 가운데 벌써 7년 넘게 암과 싸우고 있는 도쿠모토 가즈코라는 여성이 있다. 그는 암과 싸우면서 시집 두 권을 자비로 출판했는데 그중 다음과 같은 시 한 편이 있다.

> 네가 만약 죽더라도
> 딱히 슬프지는 않고
> 그저 쓸쓸할 뿐이야
> 그러니 계속 살았으면 해
> 한여름 숨이 끊어질 듯한 날
> 그보다 강렬하게
> 삶을 향한 염원을 불러일으키는 전언은
> 다시없었습니다

〈전언〉이라는 제목의 이 시 앞에서 꼼짝할 수 없어진 나는 이상한 용기에 젖어 몇 번이나 되풀이해 읽었다. 그것은 이 짧은 시를 통해 순간이 곧 영원이라는 사실을, 죽음의 문턱에서 확실하게 응시한 사람만이 아는 궁극의 사생관을 배웠기 때문이었다.

인간의 힘

 다른 동물은 못 하는데 인간만 할 수 있는 일은 무엇일까 생각해봤다. 그러자 즉시 세 가지가 머릿속에 떠올랐다. 먼저 물건을 창조하는 것. 두 번째는 신앙을 가지는 것. 그리고 마지막으로 자살하는 것이다. 찾아보면 다른 것도 많겠지만, 나는 결국 이 세 가지로 집약된다고 본다.
 창조력, 신앙, 자살. 이 세 가지는 성질이 전혀 다른 듯하지만, 아무래도 한 상자 속에 들어 있지 않을까 하는 것이 이번에 소생이 중언부언 늘어놓아보고자 하는 바다. 신앙이라는 말은 사상 혹은 철학이라는 말로 바꾸어도 좋은데, 그것을 중심으로 창조력(깊은 관계를 가진 말로 소생력도 포함될 것이다)과 자신을 파괴하는 힘이 종이 한 장 지점에서 양극단으로 나뉘어 뻗어가는 듯하다. 바꿔 말하면 창조력도 소생력도 자기 파괴 충동도 인간은 원래 전부 내면에 품고 있는데, 밖에서 주어진 신앙이나 사상에 의해 자기도 모르는 사이에 완전히 상반된 두 가지를 양성해낸다는 뜻이다.

이 세상에는 불행이 소용돌이치고 있다. 인간은 약하다. 허무로, 허무로 쏠려가는 성질을 가지고 있는 존재다. 신앙도 사상도, 원래는 분명 인간의 행복을 위해 생겨났을 터다. 하지만 지금 이 현대는 인간에게 활력을 주는 철학이 모습을 감추었다.

"생명命의 힘에는 외적 우연을 곧 내적 필연으로 바라보는 능력이 갖추어져 있는 법이다. 이 사상은 종교적이다."

이는 고바야시 히데오의 〈모차르트〉 속 한 구절이다. 어떤 불행도 내적 필연으로 바라보며 그에 맞서는 철학을, 인간은 슬슬 추구하기 시작하지 않을까.

동물 어린이집

우리 집은 논밭 속에 있다. 논밭 너머에는 좁은 강이 흐르고 다리가 놓여 있다. 그리고 그 건너편에는 중학교가 있다. 내가 일을 시작하는 시각은 중학생의 하교 시간과 거의 같아서, 나는 늘 책상에 앉아 한동안 하교하는 그들을 바라본다. 뺨을 꼭 붙이고 거의 포옹한 상태로 휘청휘청 걸어서 지나가는 남학생과 여학생이 있다. 이른바 '차이나 칼라'라고 불리는 기장이 긴 교복 윗도리에 헐렁헐렁한 바지를 입고 머리를 박박 민 채 불량스럽게 하교하는 한 무리도 있다. 뭘 하든 자유고 그런 나이라고 말하면 그뿐이지만, 봤을 때 별로 기분 좋은 광경은 아니다. 도덕관이나 윤리관의 차원에서 말하는 것이 아니라, 그런 중학생의 얼굴에는 묘하게 불결한 것이 떠돌고 있기 때문이다.

우리가 중학생이었을 때도 그런 친구들은 있었다. 하지만 그들의 얼굴에는 보다 순박한 것, 보다 무언가에 열중하는 느낌이 있었던 듯하다. 나쁜 짓을 해도 어딘가 용서

되는 부분이 있었다. 그것은 아마 그들이 나이에 걸맞은 치기를 잃지 않았기 때문이겠지. 하지만 지금 일부 중학생의 얼굴에는 치기가 없다. 학교 폭력, 학교 폭력 하고 소란을 떨면서도 가끔 교사가 학생에게 체벌을 가하면 학부모회의 아줌마나 아저씨, 나아가 제 자식만은 착실하다고 맹신하는 부모들이 그 교사를 규탄하며 경찰에 호소한다. 그래서 학생들은 더더욱 무서울 게 없어진다.

교사에게는 회초리와 어루만짐이 필요하다. 인간은 처음부터 인간이 아니다. 여러 가지 교육을 받음으로써 인간이 되어가는 동물이다. 지금의 중학교나 고등학교는 동물 어린이집처럼 변해가고 있다.

자신을 보는 거울

"인간은 자신의 눈과 가장 가까이 있는 속눈썹을 볼 수 없다"라는 말이 있다. 분명 그 말대로다. 그런 인간들이 스스로를 바라보는 것은 실로 어려운 일이겠지. 자신이 지금 기쁜지 슬픈지 정도는 알 수 있지만, 실제로 자신이라는 인간을 이루는 것의 정체는 아무리 노력해봤자 알 수가 없다. 그런데도 인간은 달에 가기 위해 막대한 비용과 두뇌를 소비하고 군비에 천문학적인 국가 예산을 쏟아붓는다. 인간은 3천 년 전부터 정신의 진보를 멈췄다. 아니, 아마도 정신이라는 영역에 있어서는 기원전보다 훨씬 후퇴했을 것이다. 과학 문명은 우리에게서 '사고하는 시간'을 빼앗아 갔다.

나의 영국인 친구는 일본의 오래된 문화를 사랑해서 그 연구에 인생을 걸기 위해 처자식과 함께 일본에 왔다. 그는 허락된다면 일본에서 죽을 때까지 살 각오를 하고 있었다. 하지만 고작 석 달 만에 처자식을 영국으로 돌려보냈다. 그 이유를, 그는 분노를 드러내며 나에게 말했다.

"일본의 TV는 대체 뭐야. 꼭 움직이는 황색 신문 같잖아. 천박한 커플의 스캔들을 마치 대사건인 양 조사해서 대낮부터 방송하고. 저녁에는 만화 일색에, 게다가 이게 어린이용 방송인가 의심스러울 만큼 음란하고 잔혹한 장면이 연이어 나오는걸. 그리고 밤에도 섹스, 섹스, 섹스. 그건 한밤중까지 끝없이 이어지지. 이걸로 인간이 바보가 안 된다면 이상한 거 아니야?"

그는 생각다 못해 아내와 아이들을 조국으로 돌려보낸 것이었다. 그는 마치 혁명에 나선 청년처럼 주먹을 쳐들며 "TV를 부수자" 하고 고함쳤다. 과학 문명이 아무리 거만하게 굴어봤자 인간이라는 존재, 그 사람의 궁극적 자아를 비추는 거울은 결코 만들어내지 못한다. 그런데 지금만큼 그 거울이 필요한 시대도 없다.

경주가 끝나고

조교사 친구에게서 전화가 왔는데, 간사이에서 열리는 빅 레이스에 자신이 키운 말이 드디어 출주할 수 있게 되었으니 당일에 꼭 보러 오라며 나를 초대했다.

"이길지 질지는 경마니까 모르겠지만."

조교사의 목소리는 들떠 있었다. 나는 그 말을 타는 기수와도 친구였기 때문에 아내와 둘이서 경마장에 갔다. 경주에 나오는 말이 경기장으로 들어왔을 때, 샤다이팜의 요시다 젠야* 씨는 내가 응원하는 말을 쌍안경으로 바라보며 "잘 길렀군요" 하고 말했다.

그러나 결과는 참패였다. 그건 그렇다 쳐도 지는 모습이 아무래도 이상했다. 나와 아내는 조교사와 기수의 대기실 옆에 있는 마방으로 갔다. 조교사 친구와 기수가 우리를 흘끗 보더니 아쉽다는 듯 미소 지었다. 그러나 그들의 눈

---

* 일본 최대의 경주마 생산 기업인 샤다이 그룹의 창업자. 샤다이팜은 이 그룹의 경주마 생산 목장이다.

길은 금세 말의 앞다리로 향했다. "뭔가 이상해" 하며 기수는 나에게 설명했다. 나는 아무리 말의 걸음걸이를 자세히 살펴봐도 대체 어디가 이상한 것인지 알 수 없었다. "왼쪽이군" 하고 조교사가 말하자 마필관리사가 말없이 고개를 끄덕였다.

곧장 수의사를 불러 엑스레이 검사를 했다. 왼쪽 앞다리의 종자골이 아주 조금 부러져 있었다.

"출발할 때 살짝 비틀거렸어. 그때였을까."

기수는 고개를 푹 숙였다. 달릴 수 있게 되려면 1년은 걸릴 거라고 했다. 말은 마치 선생님께 혼나는 초등학생처럼 의지할 데 없이 풀이 죽어 응급 처치를 받고 있었다. 다른 말을 담당하는 온화해 보이는 마필관리사가 그 말을 돌보는 마필관리사에게 말했다.

"낙심하지 마. 부상을 안 당하는 쪽이 이상할 정도니까."

나는 내 어린 아들들을 데리고 왔으면 좋았을 텐데 싶었다. 그랬다면 고개 숙인 말과 인간을 보고, 각각에게서 무언가를 배웠을지도 모르니까.

아직 10엔

한때 지독한 가난을 체험해본 사람은 생활에 여유가 생기면 아무래도 세 가지 타입으로 나뉘는 모양이다. 첫 번째는 이제 두 번 다시 그런 경험을 하고 싶지 않으므로 결코 씀씀이를 늘리지 않고 저금을 하는 타입. 두 번째는 겉보기에는 졸부 취향의 화려한 옷차림과 호화로운 생활을 과시하면서도, 내적으로는 역시 궁상 떠는 습성을 버리지 못해 의외의 부분에서 종종 쩨쩨함을 드러내는 타입. 그리고 마지막은 어차피 그만큼 가난하게 생활해왔으니 실패하면 또 처음부터 다시 하면 된다고 명쾌하게 결론 내리는 타입이다.

어머니 말에 따르면 아무래도 나는 마지막 타입으로, 그것도 명쾌하게 결론을 내리는 어설프게 착한 성격이 아니라 자포자기, 정색, 적반하장의 세 박자를 갖춘 인간인 모양이다. 어머니는 "부부는 서로 닮는다더니. 며느님도 너보다 더한 파파짱이야" 하며 웃는다. 아내가 나를 파파, 파파, 하고 부르기 때문에 '파파짱'이라는 것인데, 그건 다나베 세이코 씨의 소설에 등장하는 젊은 첩의 별명이지만 어머니는 내 아내에게 같은 호칭을 붙여버렸다.

실제로 나는 금전 면에 있어서는 스스로도 완전히 세 번째 타입이라고 생각한다. 돈은 오른쪽에서 왼쪽으로 흘러가면 된다고 진심으로 생각하기 때문에, 만약 흐르지 않게 되면 엄청난 상황이 벌어질 거라는 불안이 이따금 뇌리를 스친다. 하지만 그 부분이 다소나마 가난을 경험한 것의 강점이다. '뭐, 어떻게든 되겠지' 하고 뻔뻔하게 나가는 것이다. 어느 전문 도박꾼이 "천만 엔을 가지고 있다가 수중에 10엔만 남을 때까지 지고 있다 해도, 아직 10엔이 있는 한 승부는 끝나지 않았다"라고 말한 적이 있다. 나는 같은 말을 인생에 대해서도 할 수 있을 듯한 기분이 든다.

노스탤지어

노스탤지어라는 단어는 대체로 향수라고 번역되는 듯한데, 실제로는 더욱 깊고도 다양한 뉘앙스를 가진 말인 모양이다. 외국 문학 번역 작품 중에는 때로 '희대의 명번역'이라는 평가를 받는 것도 있다. 나는 고등학생 때 어떤 시기에 도스토옙스키의 《죄와 벌》을 각기 다른 번역가 세 사람이 옮긴 책으로 읽고 비교해본 적이 있다. 그리고 그 차이에 깜짝 놀랐다. 예를 들기 시작하면 끝이 없기 때문에 관두겠지만 하나의 숙어를 번역하는 방식도 삼인삼색인 경우가 많았고, 문장을 "……다"로 끝내거나 "……것이다"로 끝내는 등의 내용과는 직접적인 관계가 없는 부분에서도 대략 몇천 군데의 차이가 있었다.

그런데 이 "……다"로 끝낼지 "……것이다"로 끝낼지는 문장에 있어서 지극히 중요한 문제다. 내가 작품을 쓸 때도, 그 작품이 단행본으로 만들어져 세상에 나온 뒤에도, 한 줄의 문장을 끝맺을 때 "……다"가 좋은지 "……것이다"

가 좋은지 "……것이었다"가 좋은지 아무래도 결단을 내릴 수 없는 부분이 많다. 문장의 기세, 문장의 안정감 등이 그런 사소한 구분에서 완전히 달라지기 때문이다.

  이는 일본어라는 언어가 그만큼 표현 방식에 복잡성을 띠고 있다는 증거이기도 한데, 일테면 노스탤지어라는 원문을 두고 향수나 추억이라고 번역하면 역시 원작자가 그 한 단어를 썼던 순간의 마음이 미묘하게 달라진 상태로 독자에게 전해진다. 어쩔 수 없다면 어쩔 수 없는 일이다. 역자 또한 고유의 감성을 지닌 인간이기 때문이다. 하지만 문학의 생명은 문장이며, 나는 거기서 떠오르는 노스탤지어를 공연히 품고 있는 정취를 사랑하는 인간이다.

각오

니치렌 스님이 문하 사람에게 보낸 편지 중 "태양과 같이 지혜로운 사람이라도 요절하면 살아 있는 개만 못하다"라는 한 구절이 있다. 또 다른 편지에서는 "백스무 살까지 살며 이름을 더럽히고 죽는 것보다는 하루라도 명예롭게 사는 것이 중요하다"라고도 썼다. 일견 모순인 듯하지만 나에게는 둘 다 진실로 여겨진다. 죽어서는 안 된다. 오래 살지 못하면 결국은 지는 것이다. 하지만 설령 아무리 장수하더라도 어떻게 살았느냐가 중요하기도 하다. 이는 내가 아쿠타가와상을 받은 뒤 결핵으로 어쩔 수 없이 입원 생활을 하게 되었을 때, 병원 침대에 누워서 혹은 병원 중정을 터덜터덜 걸으며 스스로를 타일렀던 말이다.

날 때부터 몸이 약했던 데다 스물다섯 살 때 갑자기 불안 신경증이라는 병에 걸린 나는 자연히 죽음과 이웃한 심경으로 오늘날까지 살아왔다고 생각한다. 그래서 요절하면 살아 있는 개만도 못하다는 니치렌의 말은, 잔혹하리만치 나를 두들겨 팬 것과 동시에 불가사의할 정도로 꾸짖어 줬다. 무슨 일이 있어도 이 세상에서 내가 할 일을 다 끝낼 때까지는 살아남아야 한다. 그렇게 나를 강하게 채찍질하는 것이다. 그럴 때 늘 떠올리는 짧은 시 한 구절이 있다. 나의 문학 동료이자 1976년에 쉰다섯 살로 세상을 떠난 이소나가 히데오 씨의 시다.

"바로 지금 임종!"
이 냉엄한 각오를 견디지 않고서야
어디에 인간의 승부가 있겠는가

나는 이 시를 읊조릴 때마다 언제라도 죽어주겠다는 각오를 품고서 아주 오래 살아야지, 하고 뜨겁게 결의한다.

III

아라 마사히토 씨가 보낸 전보

내가 《반딧불 강》으로 아쿠타가와상을 수상했다는 연락을 받은 것은 1978년 1월 17일이었다. 아쿠타가와상 발표일은 그야말로 야단법석이었다. 수상한 작품의 첫 한 줄조차 읽지 않은 사회부 기자들과 방송국 리포터로부터 받는, 돌이켜보면 조금 소름 끼칠 정도의 인터뷰가 당일 늦은 밤까지 이어져 친구들로부터 속속 도착하는 축하 전보 같은 건 훑어볼 여유가 전혀 없었다. 다음 날, 다다음 날까지 온 축하 전보의 수가 300통이 넘어서 나는 전화로 답할 수 있는 경우는 전화로, 편지를 보내야만 하는 사람에게는 편지로, 모든 친구들에게 감사의 뜻을 전했다. 그 작업에만 한 달 가까이 허비해버렸다. 나는 감사를 표하는 작업이 끝날 때마다 축하 전보 뒤에 한 장 한 장 동그라미 표시를 해나갔는데, 마지막에 표시를 할 수 없는 전보가 한 통 덩그러니 책상 위에 남아 있었다.

"아쿠타가와상 수상을 축하합니다. 앞으로의 활약을 기

대합니다. 아라 마사히토."

　아무리 기억 밑바닥을 파헤쳐봐도 아라 마사히토라는 지인은 떠오르지 않았다. 전보에는 발신지만 표시되고 발송인의 주소나 전화번호는 쓰여 있지 않다. 그 전보의 발신지는 도쿄였다. 그러나 장소를 도쿄로 좁혀 다시 머리를 쥐어짜봐도 아라 마사히토라는 인물은 생각이 나지 않았다. 내가 아는 것은 평론가 아라 마사히토 씨밖에 없었는데, 그것도 그저 존재를 알고 있을 뿐 일면식도 없는 사이였다. 나는 전후 한 시대의 획을 그은 강직한 평론가인 아라 마사히토 씨의 〈제2의 청춘〉과 〈나쓰메 소세키의 문학〉 등을 읽은 적이 있었고, 특히 〈제2의 청춘〉에 깊이 감동받았다. 그러나 그 아라 마사히토 씨가 장차 어떻게 될지도 모르는 생면부지의 애송이에게 축하 전보를 보냈다고는 생각할 수 없었다. 전보를 보낸 아라 마사히토 씨는 분명 그 평론가와 동명이인인데 한 사람의 독자로서 축하해주신 거겠지. 나는 그렇게 생각하고 그대로 두었다.

　하지만 날이 갈수록 아무래도 신경이 쓰여 견딜 수 없었다. 아라※라는 성은 그리 흔하지 않고, 만에 하나 〈제2의 청춘〉의 저자가 보낸 전보라면 감사의 인사도 한 마디 드리지 않고 방치해둔 내가 엄청나게 무례한 인간이 되는 셈이다. 망설임 끝에 아라 마사히토 씨에게 편지를 썼다. 아라 마사히토라는 사람으로부터 축하 전보를 받았는데 그것이 아라 선생님이신가요, 하는 내용이었다. 나는 우표까지 붙였는데도 우체통에 넣지 못했다. 만약 전보를 보낸 사람이 평론가 아라 마사히토 씨가 아니라면 나는 심한 부끄러움에 젖을 것이며, 또 그 경우 아라 마사히토 씨가 네 녀석 같은 풋내기에게 왜 내가 축하 전보 같은 걸 보내겠느냐고 비웃으실 듯한 기분이 들었기 때문이다.

그로부터 1년이 지난 무렵, 나는 신문에서 아라 마사히토 씨의 부고를 접했다. 한동안 마음이 진정되지 않아서 책상 서랍 밑바닥에 넣어둔 전보 한 통의 문면을 몇 번이나 눈으로 훑으며 다시 〈제2의 청춘〉을 읽고 〈불―원자핵 에너지〉를 읽었다. 그리고 우표를 붙인 채 책상 서랍에 넣어둔 편지를 찢어 버렸다.

다시 1년이 지난 어느 날, 갑자기 생각이 나서 지쿠마쇼보*의 전 편집부장인 하라다 나오오 씨에게 전화를 걸었다. 하라다 씨는 나의 이야기를 다 들은 뒤 "그건 아라 씨가 틀림없어요"라고 말했다. 나는 어째서 그렇게 단정할 수 있느냐고 물었다. 그러자 하라다 씨는 《반딧불 강》이 아쿠타가와상을 받았던 것을 아라 씨가 매우 기뻐했기 때문이라고 대답했다. 왜 기뻐해주셨을까요, 하고 나는 물었다. 하라다 씨는 "그건 저도 모르겠지만요……" 하고 무언가 깊은 생각에 잠긴 듯한 목소리로 중얼거렸다. 그런 다음 다시 한 번 "아라 씨가 틀림없어요. 그런 일은 좀처럼

---

* 일본의 대형 출판사.

하시지 않는 분이지만, 저는 아라 씨라고 단정할 수 있습니다" 하고 강한 어조로 말했다. 전화를 끊은 뒤 나는 이것 참 큰일이라고 생각했다. 얼른 감사 편지를 써야만 한다. 그리고 축하 전보를 받고서 2년도 넘게 방치해둔 나의 무례함을 사죄드려야 한다. 나는 편지에 "삼가 아룁니다"라고 쓰고, 거기서 움찔하며 하늘을 노려보았다. 아라 마사히토 씨는 이미 이 세상에 없었다. 후회해봤자 어쩔 수 없다. 나는 언제까지고 아라 마사히토 씨가 보낸 전보를 바라보고 있었다.

6월 9일은 그의 기일이다. 모습은 사라졌지만 이 우주에 녹아들어 존재하고 있을 아라 마사히토 씨의 생명에, 이 지면을 빌려 나의 무례를 깊이 사과드리고 싶다. 나는 이 짧은 글을 쓰면서 세 번째로 〈제2의 청춘〉을 읽었다. "이 진부하고도 찬연한, 범속하면서도 영웅적인, 추악함이 가득한 데다 한없이 화려한, 행복을 향한 길을 떠나는 우리들 30대여, '제2의 청춘'에 바치는 희생을 결코 아끼지 마라"고 한 그 마지막 한 구절이 시대를 뛰어넘어 오늘날 우리에게 그대로 계승되는 외침이라는 점은 명백하다. 그리고 '희생'이라는 말을, 그가 어떤 마음을 담아 썼는지 내 나름대로 이해할 수 있을 듯한 기분이 들었다.

성장을 거듭한 작가

이노우에 야스시 씨를 만나 뵈었을 때, 이야기 도중 나카노 시게하루 씨의 시로 화제가 옮겨갔다. 나는 나카노 시게하루 씨의 시를 좋아했기 때문에 이노우에 씨의 말에 귀를 기울였다. 그는 이렇게 말했다.

"나카노 시게하루의 시는 전부 엔카*지요. 나카노 시게하루 시의 대단함은 거기에 있어요."

나는 무언가 허를 찔린 듯한 기분이 들었다. 나카노 시게하루 씨의 시를 그런 식으로 읽은 적이 없었기 때문이다. 그리고 나카노 시게하루 씨의 시를 다시 읽고, 나는 확실히 그것이 엔카라는 점을 인정했다. 대체 엔카란 무엇인가. 유행가라고 가볍게 대답해버리는 건 인생을 모르는 사람이다. 또한 결코 시인은 될 수 없는 사람이며, 나아가 소설의 핵核으로 평생 다가갈 수 없는 사람이다.

---

* 구성지고 애상적인 느낌을 주는 일본의 대중가요. 우리나라의 트로트와 비슷하다.

야마모토 슈고로*의 소설도 엔카였다고, 나는 요즘 들어 생각하게 되었다. 몇 번을 다시 읽어도 오싹오싹해지는 《허공 편력》의 첫머리 몇 줄은 확실히 엔카이며, 이노우에 씨의 말을 빌리면 야마모토 슈고로 소설의 대단함 중 하나가 거기에 있다고 나는 생각한다.

"내가 그분의 하우타**를 처음 들은 것은 열여섯 살 가을이었다. '만나러 갈 때는 버선을 신고⋯⋯'로 끝나는 〈눈의 밤길〉이다. 노랫말과 곡조가 머리카락 한 올만큼의 틈도 없이 딱 맞는 그 노래를 들었을 때, 나의 몸속으로 무언가가 지나가서 온몸이 투명해지는 듯한 신기한 감동에 잠겼다."

이 《허공 편력》뿐만 아니라 《전나무는 남았다》와 《다섯 잎 동백꽃》도, 또 《오산おさん》과 《후카가와 안라쿠테이深川安樂亭》와 《지이사코베ちいさこべ》도, 야마모토 슈고로의 소설을 형성하는 몇 가닥의 혈관 중 한 줄기에는 엔카가 흐른다. 하지만 엔카라 해도 최상급부터 최하급까지 종류가 다양하다. 야마모토 슈고로의 엔카는 그의 나이와 함께 훌륭하게, 청아하게, 고결하게 연마되어갔다.

대부분의 작가는 작품을 내놓을 때마다 야위어가는 법

---

* 전당포 종업원, 잡지 기자 등을 거쳐 문단에 등장한 일본의 대표적 작가. 서민의 입장에서 무사의 고충과 시정 사람들의 비애를 묘사한 시대소설, 역사소설 등의 대중소설로 이름을 알렸으며, 초중기에는 순문학자와 비평가들로부터 무시당했지만 만년에 많은 걸작을 써서 높은 평가를 받았다.
** 일본의 전통 현악기인 샤미센에 맞추어 부르는 짧은 속요(俗謠).

이다. 육체가 야위어가는 것이 아니라 작품 자체가 야위어 간다. 이는 산의 나무를 계속 베는 것과 같은데, 나무가 한 그루밖에 없는 산 주인도 있는가 하면 백 그루의 나무를 가진 산 주인도 있다. 그러나 한 그루는 한 그루이며 백 그루는 백 그루일 뿐이다. 모든 나무를 베어버린 뒤에는 어찌할 도리도 없는 민둥산이 되고 만다. 벌거숭이산에서 끙끙 앓으며 어떻게든 나무를 베려고 혈안이 된 작가가 너무도 많은 작금이리라. 그런 작가는 이제 아무것도 자라지 않는 산에 올라가 떨어져 있는 잔가지를 긁어모아서 그것으로 세공물을 만드는 수밖에 없다. 그들은 나무를 베는 일밖에 할 수 없기 때문이다.

하지만 드물게 다른 무언가를 만들어내기 위해 나무를 베는 작가가 나타난다. 야마모토 슈고로는 그 드문 작가 중 하나였다. 그 증거로 그는 쓸 때마다 성장했다. 문장도, 주제도, 안력眼力도, 게다가 그의 엔카의 질까지 성장했다. 그는 무시무시한 집념으로 자신을 연마해야 했겠지. '나무'는 재능이다. 그 나무로 다른 무언가를 만들어내는 것이야말로 수련이며 집념이다. 천부적인 재능을 가진 사람이 부지런히 노력할 때, 나무는 무너지지 않는 건조물로 변한다고 할 수 있다. 그 건조물만이 역사를 견뎌내는 것이다.

각 시대별로 세상을 풍미한 작가가 있다. 그러나 아무리 문학사 속에 이름을 남겼다 해도, 아무리 한때 지극히 영화로웠다 해도, 이름만 남기고 작품은 남기지 않은 작가가 더 많다. 사후 수십 년, 수백 년 동안 작품이 민중에게 계속 사랑받은 작가는 일본에 몇이나 될까. 아마도 야마모토 슈고로는 그런 작품을 남긴 작가일 것이다. 어째서인가. 나는 그의 소설 또한 엔카였기 때문이라고 생각한다. 그런 나의 자의적인 해석으로 읽자면 스탕달의 《적과 흑》도, 톨스토이의 《안나 카레니나》도, 도스토옙스키의 《가난한 사람들》도 전부 엔카였던 듯한 느낌이 든다.

대체 우리는 왜 소설 같은 것을 읽을까. 대체 거기에서 무엇을 추구하는 것일까. 각자 추구하는 바가 천차만별이라는 점은 논할 여지도 없지만, 거기에는 어떤 무의식적인 바람이 틀림없이 숨어 있을 것이다. 그것은 망아忘我다. 감동이다. 도취다. 지적 탐구심이라든가 관념으로의 매몰과 같은 욕구는 예술의 발생에 있어서는 이차적인 것이었다. 그 일차적인 것과 이차적인 것이 뒤바뀌었다는 점이 현대라는 역사의 독이다. 풍성한 계시로 가득한 한 콩트를 해체하고, 시작과 끝을 거꾸로 뒤집어 비틀고, 구부리고, 거기에 이론이라는 접착제를 혼합해 창작자는 신규 창조를 시도하고 오리지널리티를 날조하려 했다. 현대라는 역사의 독은 발신자도 수신자도 그 날조된 오리지널리티의 올가미 속으로 손쉽게 빨아들이는 마력을 가지고 있었던 것이다. 그것은 일테면 벚꽃의 꽃잎을 모조리 잡아 뜯고 그 대신 장미꽃을 인공적으로 부착해 보고 즐기는 일과 같다. 벚나무 거목에 훌륭한 장미꽃이 피어 있다. 만든 자도 그

앞에 멈춰 서는 자도 그 기괴한 요물에 도취되었다. 그런 시대가 벌써 꽤 오랫동안 이어지고 있다. 그러나 속아서는 안 된다. 그것은 벚꽃도 아니고 장미꽃도 아니다. 이 세상에 존재하지 않는 요물인 것이다.

인생도 마찬가지일 터다. 야마모토 슈고로는 굴지의 이야기꾼이었지만 벚나무에 장미꽃을 피우지는 않았다. 그는 거짓말은 했지만 인생의 실상에서 벗어나지는 않았다. 그래서 야마모토 슈고로의 작품은 전부 대중소설의 범주 속으로 내던져졌다. 나니와부시*라는 소리를 들었고 통속소설이라고 불렸다. 하지만 인간의 일상에서 통속적이지 않은 것이 하나라도 있을까. 야마모토 슈고로의 소설을 통속소설이라든가 나니와부시라고 평가하는 이는 벚나무에 장미꽃이 피어 있는 모습을 보고 기뻐할 사람이 틀림없다. 현대의 이상한 관념에 물든, 게다가 그것을 알아차리지 못하는 사람이 틀림없다. 하지만 그런 사람들은 《안나 카레니나》를, 《적과 흑》을 자랑스러운 얼굴로 의기양양하게 논한다. 그러나 아무리 고매하게 논리를 내세워봤자 《안나 카레니나》도 《적과 흑》도 통속소설이다. 바로 그렇기 때문에 지금까지도 사람들에게 읽히고 있는 것이다.

나는 야마모토 슈고로의 《푸른 조각배 이야기》를 읽을 때마다 그때그때 새로운 계시를 받는다. 틀림없이 예전에

---

* 샤미센 반주에 맞춰 주로 의리나 인정을 노래한 일본의 대중적인 창(唱).

이 한 줄을 읽었을 텐데 왜 이것이 품고 있는 뜻을 간과했을까 싶은 부분이 몇 군데나 있다. 다른 수십 편에 달하는 단편소설을 다시 읽어도 마찬가지다. 그리고 순문학과 대중문학의 구분이 무엇을 척도로 이루어지는 것일까 꼭 생각하고 만다. 그 질문은 야마모토 슈고로의 작품을 읽을 때마다 나의 뇌리를 스친다. 문예평론가 기무라 구니노리 씨는 《맨얼굴의 야마모토 슈고로》에서 이렇게 썼다.

"야마모토 씨는 실제 인생살이에서 지극히 우직했고 소심하기조차 했다. 그 성실함은 작품에도 잘 반영되어서, 가령 무심히 등장해 지나쳐 가는 사기꾼까지도 마지막까지 읽다보면 다시 모습을 드러내 어떤 의미를 담당하는 식의 세심함을 보인다. 이처럼 치밀하게 복선을 까는 방식을 독자에 대한 서비스라고 작가가 믿었던 듯한 때도 있었다.

'대중소설, 특히 대중가정소설은 피날레에서 반드시 등장인물이 모두 모여 기념 촬영을 하고 해피엔딩으로 끝나. 너무 덜떨어져 보여.'

야마모토 씨는 자주 그렇게 말하며 주위 사람들을 웃겼다. 그러나 이는 본인 작품의 경우 어떤 단역도 무책임하게 등장시키지 않는다는 진중함을 자부한 것이기도 했다. 야마모토 씨의 작품이 지적받는 '대중문학 냄새'는 오히려 그런 우직함에서 비롯되었을지도 모르며, 오랜 세월 작품 발표의 무대였던 대중오락잡지라는 토양이 야마모토 씨의 우직함과 서비스 정신을 작가 자신도 눈치채지 못할 정도로 부지불식간에 뿌리 깊게 만들었는지도 모른다."

기무라 씨의 이 해석은 분명 틀리지 않을 것이다. 그리고 나는 거기서 다른 것을 생각한다. 소녀 잡지와 야담*물에서 출발한 야마모토 슈고로가 이윽고 일본 대중소설계의 거목이 되어간 여정을 말이다. 그것은 틀림없이 괴로운 길이었을 터다. 수많은 굴욕과 갖은 고뇌, 끝없는 꿈과 그 꿈을 가로막는 현실과의 갈등. 그것들을 뛰어넘어, 쓸 때마다 야위어가는 다른 작가들은 거들떠보지도 않고, 그는 성장을 거듭한 것이다. 《푸른 조각배 이야기》에 인용한 스웨덴 작가 스트린드베리의 수필집 《청서》에 나오는 한 문장—괴로워도 일하라. 안주하지 마라. 이 세상은 순례의 길이다—은 그의 인생을 지탱해주는 잠언이었다. 이 문장은 종교적이다. 이는 차츰 그의 안에서 부풀어 《허공 편력》이라는 제목에 이르렀다. 작품 속에서 그는 주인공의 입을 빌려 이렇게 말했다.

"죽음이란 이 세상에서 사라지는 것이 아니라, 그 사람이 살아 있었다는 사실을 증명하는 것이야. 죽음은 인간의 일생에 매듭을 짓고, 그 생애를 완성시키지. 소멸이 아닌 완성이야."

허공 편력……. 어중간한 사색으로는 도달할 수 있는 경지가 아니다. 인생의 실상, 그 심오한 한 점을 엿본 사람이

---

* 야사(野史)를 바탕으로 흥미롭게 꾸민 이야기.

아니고서야 생명의 허공을 편력하는 모습을 꿈에서도 떠올리지 않을 것이다. 벚나무에 장미꽃을 피우려고 하는 사람들은 결코 이해하지 못할 말이다. 야마모토 슈고로의 작품에 등장하는 인물들은 누구나 벚꽃은 벚꽃으로서, 유채꽃은 유채꽃으로서, 잡초는 잡초로서 힘껏 부지런히 피어 있다. 가난한 사람들에 대한 동고同苦의 마음. 악과 권력을 향한 분노. 어떤 작은 작품에도 인간을 향한 그의 애정이 넘쳐 흐른다.

현대 문학은 두 가지 길로 나뉘려 하고 있다. 벚나무에 장미꽃을 계속 피울 것인가, 혹은 벚꽃은 벚꽃, 장미는 장미로 피울 것인가. 이 두 가지 길로 말이다. 100년 뒤에도 야마모토 슈고로의 작품이 계속 읽히리라고 확신하는 나는, 머지않아 '요물'이 패배해 달아나는 시대가 오리라는 것도 확신한다. 야마모토 슈고로가 남긴 수많은 작품들을 읽을 때마다 인간이라는 존재를 믿을 수 있을 듯한 기분이 들기 때문이다. 정교한 이론은 결국 늘 소박한 현실에 굴복한다.

사카가미 난세이 씨의 새로움

"가장 민족적인 것이야말로 가장 세계적인 것이 될 수 있다"라는 말이 있다. 문화, 특히 예술의 영역에서 이는 지극히 깊은 의미를 가지는 말일 것이다. 한 국토가 필연적으로 자아내는 향기와 색채와 형태와 정신이 어떤 명확하고 구체적인 세계를 만들어내면, 그것은 반드시 다른 국토의 다종다양한 정신으로 자연히 연결된다는 사실을 우리는 분명 깨달을 것이다. 음악이든 회화든 문학이든 마찬가지다. 전후 세대인 사카가미 씨가 그리는 병풍화를 보고 어떤 이는 어쩌면 비난조로 중얼거릴지도 모른다.

"어째서 요즘 시대에 이런 고풍스러운 그림을……."

그렇다면 대체 새로움이란 무엇일까. 역사를 견뎌온 고전을 케케묵었다고 평하는 사람은, 그 사람이 말하려는 '새로움'을 판별하는 단계에 이르러 자신이 시대에 놀아난 헛똑똑이라는 사실을 마음속 어딘가에서 통감하며, 궁지에 몰려 어쩔 수 없이 가짜를 진짜로 꾸며내는 우를 범하고 만다. 그런 예는 일일이 헤아릴 수도 없다. 현대는 가짜가 진짜를 쫓아내는 시대다. 나는 새로움에 대한 잘못된 개념이 온갖 예술을 정체시켜 쇠약하게 만든다고 생각한다. '새로움' 같은 건 없다. 좋은가, 나쁜가밖에 없는 것이다.

고바야시 히데오 씨는 〈덧없다는 것〉이라는 글에서 이렇게 썼다.

"해석을 단호하게 거절하는 것만이 아름답다. 이것이 노리나가*가 품었던 가장 강한 사상이다. 그리고 해석이 넘쳐나는 현대에는 가장 숨겨진 사상이다."

매우 지당한 말이다. 무조건적으로 상대를 매혹시키는 것이야말로 아름답다. 그리고 그것이야말로 언제나 '새롭다'. 사카가미 난세이 씨가 젊은 나이에 일본화 중에서도 가장 고전적인 수법을 써서 어떤 때는 현란하게, 또 어떤 때는 그윽하게 〈월하추풍도〉와 〈앵춘도〉와 〈일월춘추도〉를 그릴 때, 그 일본 전통의 수법 밑바닥에는 사카가미 씨의 정념이 야릇하게 가라앉아 있다. 남들은 간파해내지 못하는 그의 그 정념이 무조건적으로 사람들을 매혹시킬 때, 사카가미 난세이의 그림은 참된 '새로움'이 무엇인지 우리 앞에 분명히 보여줄 것이다.

---

* 에도 시대의 국학자이자 문헌학자, 언어학자, 의사였던 모토오리 노리나가.

'강' 3부작을 마치며

지쿠마쇼보에서 《도톤보리강》이 출판되어, 이로써 〈흙탕물 강〉《반딧불 강》에 이은 강 3부작을 끝낼 수 있게 되었다. 발표한 시기는 〈흙탕물 강〉이 먼저였지만 실제로는 《반딧불 강》을 처음으로 썼다. 스물여덟 살 때였고 지금으로부터 약 6년 전이다. 몇 번이나 다시 썼지만 결국 마음에 들지 않아서 책상 서랍 밑바닥에 넣어둔 채로 〈흙탕물 강〉에 착수했던 것이었다.

〈흙탕물 강〉은 다자이 오사무상을 받았고, 그 수상 후 첫 번째 작품으로 《반딧불 강》을 손질해 발표했는데 그것이 생각지 못하게 아쿠타가와상을 수상했다. 그러자 이번에는 아쿠타가와상 수상 후 첫 번째 작품을 써야 하게 되었다. 그제야 나는 내 짧은 역사 속에서 '강'이 언제나 커다란 배경으로 흐르고 있었음을 깨달았다.

오사카의 서쪽 끝, 도지마강과 도사보리강이 합류하는 아지강 하구에서 보낸 유년기, 북쪽 땅 도야마시의 이타치

강 강변에서 보낸 소년기. 양쪽 다 아련한 향수로서 잊을 수 없는 풍경이었다. 나는 그 풍경을 도마로 활용해 그 위에 완전한 픽션을 만들어냈는데, 두 작품을 읽은 사람들 중 많은 이들이 그것을 사소설로서 비평했다. 나는 대학시절 한때 다시 강변으로 되돌아갔다. 고작 1년 정도의 기간이었지만 도톤보리 일대를 술에 절어 돌아다니는 생활을 했다. 그 시절의 체험은 역시 내 마음에 크고 깊은 인장을 남겼다.

'강'을 도마로 활용한 소설을 두 작품 쓴 뒤, 나는 그 시점에서 처음으로 강 3부작을 쓰고 싶다는 생각을 했다. 그래서 《도톤보리강》을 지쿠마쇼보의 문예지 《문예전망》에 발표했다. 하지만 그것은 급하게 휘갈긴 미완성품이었다. 나 스스로가 발표한 소설을 다시 읽어보고 명확히 그렇게 느꼈다. 어떻게든 고쳐 쓰고 싶다고 생각만 하다가 시간이 흘러 지쿠마쇼보의 도산이라는 사건이 일어났다.

《도톤보리강》은 공중에 붕 뜬 상태가 되었고, 역시 세상일은 그렇게 뜻대로 흘러가지 않는구나…… 하고 속으로 중얼거리던 중 이번에는 내 몸의 이상을 느꼈다. 저녁이 되면 오한이 들었고 꺼림칙한 기침이 나왔다. 나는 나쁜 예감에 사로잡혀 병원에 가는 것을 하루하루 미뤘지만, 연초에 거울에 비친 내 얼굴을 보고 확실히 어떤 병에 걸렸다는 사실을 깨달았다. 의사는 나의 가슴 엑스레이 사진을 보더니 즉시 입원하라고 명령했다. 폐결핵인데 상당히 많이 진행되었다는 것이다. 그리고 1년은 입원해야 할 거라고 덧붙였다.

입원 중 나는 아무것도 하지 않고 병실 창문으로 하늘과 구름과 길을 가는 사람들만 보며 지냈다. 책도 읽지 않고 TV도 좀처럼 보지 않는, 오로지 초조와 께느른함과 일종의 안식에 휩싸인 고요한 나날을 계속 보냈던 것이다. 《도톤보리강》은 이미 안중에 없었다.

그런데 입원한 지 석 달이 지난 무렵, 내가 쓴 〈환상의 빛〉이라는 단편이 어느 문학상의 후보작이 되었다는 소식이 들려왔다. 물론 수상은 하지 못했지만, 한 심사위원이 심사평 마지막에 미야모토는 이제부터가 기대되는 사람이며 앞길이 창창하다고 써주었다. 나는 그 구절을 병실 침대 위에서 몇 번이나 되풀이해 읽었다. 그런가, 나는 이제부터가 기대되는 사람이고, 게다가 앞날이 창창한 건가, 하고 몇 번이나 되뇌었다. 그때 내게 그만큼 고마운 말은 없었다. 그러자 얼른 병을 고쳐서 이것도 쓰고 싶다, 저것도 쓰고 싶다, 하고 생각하게 되었다. 하지만 이것도 저것도 쓰기 전에 무엇보다 《도톤보리강》을 다시 써서 강 3부작을 완성시켜야 한다는 사실을 깨달았다. 쓰고 싶은 것은 잔뜩 있지만 일단은 아무래도 《도톤보리강》을 떠나보내야 한다. 나는 가만히 있을 수 없어져서 열심히 치료에 전념했다.

다행히 예정은 1년이었지만 5개월 만에 퇴원할 수 있었고, 나는 집으로 돌아와서도 당분간은 무리하면 안 된다는 의사의 말을 지키며 그로부터 약 반년 가까이 일을 하지 않았다. 그리고 겨우 체력에도 자신감이 생겨 드디어 쓰는 단계에 이르러서 불현듯 당황했다. 이미 한 작품으로서 완성된 소설을 다시 고쳐 쓰는 일의 지난함이, 내 앞에 상상 이상으로 커다랗게 가로놓였던 것이다. 작업은 지지부진하게 진행되지 않았고, 나는 내가 쓴 소설을 해체하고 재조립하고 깎아내고 덧붙이다가 마지막에는 결국 내던진 채 다른 소설에 착수하고 말았다.

150매*짜리 소설을 340매로 불리는 데, 나는 일에 복귀한 뒤로 결국 2년이나 되는 기간을 소비했다. 강 3부작은 전부 합치면 약 580매밖에 안 되는데도 스물여덟 살 때 쓰기 시작해 6년이나 걸린 셈이다. 주인공도 설정도 다른, 그저 강변에 사는 사람들의 이야기를 썼을 뿐인 세 편의 소설을 과연 강 3부작이라고 부를 수 있을지 모르겠지만, 여하튼 다 쓰고서 지금껏 내내 몸에 두르고 있던 겨울옷을 벗고 가벼운 옷으로 갈아입었을 때와 같은 상쾌한 기분을 느꼈다. 또 한편으로는 자, 드디어 더워질 거야, 하고 준비하는 자세도 마음 어딘가에 지니고 있다.

---

* 일본의 원고지는 보통 400자가 기준이다.

아쿠타가와상과 나

 소설가가 되고 싶다, 그리고 소설가로서 시민권을 얻고 싶다. 그 미칠 듯한 생각의 밑바닥에는 사람들에게 용기를 주고 기쁨을 주고 감동을 주고 싶다는, 이 또한 일종의 광적인 야심을 숨기고 나는 1975년 스물여덟 살 여름에 회사를 그만뒀다. 신세를 졌던 상사와 동료에게 인사를 하고 회사 현관을 나와 사쿠라바시의 교차로까지 터벅터벅 걸어가던 자신을, 그때 마음에 비친 풍경을 나는 잊지 못할 것이다. 한여름의 번화가는 사람도 차도 아지랑이로 흔들렸고, 분명 귀를 틀어막고 싶을 정도의 소란으로 가득했을 텐데도 내 마음에 새겨진 풍경은 어둡고 황량하며 쥐죽은 듯 고요하다. '세상이 알아주는 작가'를 향한 출발점은 한없이 멀리 있었다. 그것이 얼마나 먼 길인지, 회사 밖으로 한 걸음 내딛은 순간 나는 소스라치듯 깨달았다. 이제 울어도 고함쳐도 되돌아갈 수 없다는 사실을 회사 현관을 나서기 전까지는 그리 심각하게 받아들이지 않았기 때문이다. 내게는 야만스러운 면이 있다. 본성은 겁쟁이인 주제에, 피 묻은 칼을 들고 나를 기다리는 적 속으로 돌격하려는 마음이 있다. 그것은 협객의 굳은 각오가 아니라 무모한 애송이의 겁에 질린 심정이다.

나는 반드시 아쿠타가와상을 받고야 만다. 받아야만 한다. 그렇게 스스로 몇 번이고 다짐하며 시간이 흘렀다. 작품을 하나 완성할 때마다 목표하는 지점은 더욱 멀어지는 듯했다. 둘째 아이가 태어나고 몇 개월쯤 뒤, 귀하게 자라 가난을 맛본 적 없는 아내의 옆얼굴과 뒷모습에서 명백하게 살림에 찌든 모습을 발견했을 때, 나는 대낮부터 술을 마시며 3첩* 방에 틀어박혀 몇 시간이나 고개를 숙이고 있었다. 이제 관두자 싶었다. 있는지 없는지 나로서는 알 도리가 없는 재능에 전부를 걸고 인생을 엉망진창으로 만드는 것은 내 마음이지만, 아내와 자식을 휘말리게 할 수는 없다고 생각했다.

아쿠타가와상을 발표하는 계절이 오면 수상작이 적혀 있는 지면의 활자를 질투와 초조함에 흔들리는 눈으로 훑었다. 아쿠타가와상만이 전부였다. 아쿠타가와상을 받지 않아도 뛰어난 작가가 된 사람은 많다. 그러나 아쿠타가와상이 가진 마력은 문학을 지망하는 인간에게는 거스르기 힘든 무언가를 불러일으킨다. 최근 아쿠타가와상에 대해

---

* 다다미 한 장을 세는 단위로 1첩은 대략 0.5평이다.

몇몇 부정적인 의견이 나오고 있지만, 역시 이 상이 일본 근대문학의 거대한 등용문이 되어왔고 앞으로도 되어가리라는 점은 틀림없을 것이다.

나의 《반딧불 강》이 제78회 아쿠타가와상을 받은 것에는 아마도 그 한두 회 전 수상작의 작풍에 힘입은 면이 있었던 듯하다. 그러므로 〈흙탕물 강〉으로 다자이상을, 연이어 《반딧불 강》으로 아쿠타가와상을 받았을 때 친구의 축하나 매스컴 인터뷰에 대고 "운이 좋았습니다"라고 답했던 것은 결코 겸손이 아니다. 실제로 나는 그렇게 생각했다. 또 나는 이걸로 평생 먹고살 수 있다고 믿었던 것도 사실이었다.

그러나 세상이 나에게 주목했던 기간은 고작 반년뿐이었다. 다음 수상자가 등장했고 나는 폐결핵으로 쓰러진 데다 《반딧불 강》을 출판한 지쿠마쇼보는 도산했다. 그제야 나는 겨우 아쿠타가와상을 받았다는 건, 고교 야구로 치면 예선을 통과해 고시엔구장*의 흙을 밟은 단계에 불과하다는 사실을 깨달았다. 진짜 싸움은 거기서부터 시작되는 것이다. 그것은 아쿠타가와상을 손에 넣는 것보다 훨씬 괴롭고 고독한 길이었다.

내 친구가 어느 문예지의 신인상을 받았다. 그때 누군가가 "축하해, 잘됐네"라고 말한 뒤 이렇게 덧붙였다. "이제

---

* 한신타이거스의 홈구장으로 매년 봄과 여름에 전국고교야구대회가 열린다.

까지는 노력이었어. 앞으로는 실력이야." 의미심장한 말이라고 생각한다. 보통은 "앞으로가 노력이야"라고 말할 대목이겠지. 나는 지금 그 말의 의미를 절절하게 이해한다. 등용문을 통과하는 것은 필사적인 노력으로 해낼 수 있지만, 거기서부터 한 계단 또 한 계단 올라가려면 이제 노력만으로 부족하다. 그 사람은 실력이라고 했으나, 그것은 다시 말해 도무지 저항할 수 없는 재능의 힘을 뜻했다. 그야말로 평론가 마사무네 하쿠초의 말대로 "문필 생활 50년, 내가 통감한 점은 노력의 효과는 적어서 오로지 재능에 달려 있다는 것이다"다.

그러므로 아쿠타가와상을 받은 전후에 비하여 그로부터 5년이 지난 지금, 원고지를 대하는 나의 마음은 변했다. 온갖 예술에서 터럭만 한 우열의 차이는 하늘과 땅 차이가 되어 작품에 나타난다. 나는 대수롭지 않게 문장을 쓰지 못하게 되었다. 나는 스스로를 믿지 않으면 단 한 줄도 쓸 수 없다는 것을 알아버렸다.

아쿠타가와상 덕분에 나는 소설가로서 생활할 수 있게 되었다. 그 점을 나는 비할 데 없이 행복하게 생각한다. 동시에 아쿠타가와상은 수상 전의 몇 배, 몇십 배나 되는 노력과 싸움과 불안을 나에게 들이밀었다. 나는 내 안에 재능이 있는지 의심이 생기면 늘 전보 한 통의 글귀를 다시 읽는다. 아쿠타가와상 수상이 정해진 날 밤, 가장 먼저 우리 집에 도착한 지쿠마쇼보의 전 편집부장 하라다 나오오 씨가 보낸 전보다.
 "마음을 다잡아 초심을 잊지 말기를, 인간을 보는 눈 더더욱 깊고 냉정하고 그리고 따뜻하기를."

생명의 힘

스물다섯 살 때 갑자기 기묘한 병에 걸렸다. 전철 속에서 심한 현기증과 세찬 두근거림과 불안이 나를 습격한 것이다. 어떤 전조도 없이 덮쳐온 그 발작은 그날 이후 매일 나를 괴롭혔다. 발작이 찾아오면 온몸에 닭살이 돋고 식은땀이 흐르며 숨 쉬기가 괴로워져서 당장이라도 죽을 듯한 공포에 사로잡힌다. 당시 광고회사를 다니며 카피라이터라는 직종에 있었던 나는 틀림없이 심장이 안 좋은 것이라고 생각해 전문의의 진찰을 받았다. 하지만 심장도 다른 장기도, 더구나 머릿속도 아무런 이상이 없다고 했다. 의사의 진단명은 '신경증'이었다. 어느 병원에 가더라도 의사의 말은 마찬가지였다. 증상은 나날이 심해졌다. 얼마 못 가 나는 어쩔 수 없이 휴직하게 되었다.

고바야시 히데오 씨는 어느 평론에서 다음과 같이 썼다.

"생명의 힘에는 외적 우연을 곧 내적 필연으로 바라보는 능력이 갖추어져 있는 법이다. 이 사상은 종교적이다."

나는 고바야시 씨의 이 말을 지금 믿을 수 있다. 육체의 힘도, 정신의 힘도 아니다. 그것은 그야말로 생명의 힘이며, '느끼는感じる' 것이 아니라 '바라보는観じる' 것이다.

휴직 중 나는 예전에 섭렵한 문학책을 다시 한 번 읽었다. 딱히 무슨 꿍꿍이속이 있었던 것은 아니다. 그저 시간이 있었고, 게다가 언제나 죽음과 발광에 대한 공포로부터 위협을 받고 있었기 때문이다. 내가 걸린 '불안 신경증'이라는 병의 두 가지 큰 특징인 죽음에 대한 공포와 발광에 대한 공포는 이 병을 경험한 적 없는 사람은 결코 이해하지 못할 정도로 격렬하다. 나는 끊임없이 죽음을 생각했고, 그 때문에 강하게 생生을 생각하게 되었다고 말해도 좋다. 그런 내 앞에 생각지도 못한 '문학'이라는 심오한 대상이 놓였던 것이다.

내가 문학을 접한 것은 중학교 2학년 때다. 이노우에 야스시 씨의 《아스나로 이야기》를 읽고 아아, 소설은 이렇게 멋진 것이구나 생각했고, 그 뒤 닥치는 대로 책을 탐독했다. 푸시킨, 투르게네프, 플로베르, 스탕달, 톨스토이, 도스토옙스키, 고골, 발자크……. 나는 수험 공부도 내동댕이치고 언어와 마음으로 짜낸 이야기에 푹 빠진 시기를 보냈는데, 사회인이 되어 나날의 업무에 쫓기기 시작하자 어느덧 문고본 한 권조차 집어 들지 않게 되었다. 문학에 정신없이 매료되었던 시절을 한때 나 자신이 가졌었다는 사실조차 잊었던 것이다.

몇 개월의 휴직 후 병세가 조금 완화되어 나는 다시 회사로 돌아갔지만, 마음속에는 늘 응어리가 져 있었다. 소설을 쓰고 싶다는 충동이, 불이 다 꺼지지 않은 짚단처럼 마음속에 엉겨 붙어 있었던 것이다. 복직하자 즉시 병이 재발했다. 언제 덮쳐올지 모를 발작에 벌벌 떨면서, 나는 캐치프레이즈를 생각하고 광고주와 언쟁하고 상사와 싸우며 다시 피로의 도가니 속으로 잠겨갔다.

 어느 비 오는 날, 나는 광고주와의 미팅을 끝내고 밖으로 나갔다가 우산이 없어서 지하상가로 내려갔다. 비를 긋기 위해 어느 책방에 들어가 문예잡지를 집어 들었다. 그리고 단편소설 한 편을 선 채로 읽었다. 짧은 소설이었는데도 마지막까지 다 읽을 수 없었다. 재미없었기 때문이다. 별안간, 정말이지 별안간 나는 소설가가 되겠다고 결심했다. 나라면 더 재미있는 소설을 써보일 수 있어. 그렇게 생각했던 것이다. 이런 병에 걸렸으니 나는 이제 폐인이나 다름없다. 회사원 생활을 계속해나가기는 불가능하다. 하물며 자본 한 푼 없는 나는 군고구마 장수조차 할 수 없다. 소설가가 되는 것밖에, 이제 나에게는 살아갈 길이 없다. 젊은 혈기와 병이 만들어낸 길이었다. 나는 앞뒤 가리지 않고 사표를 썼다. 어째서 회사를 그만두느냐고 동료가 묻기에 "소설가가 될 거야"라고 답했더니 "미야모토는 미쳤어"라는 말을 들었다. 그 말대로 나는 그때 미쳤었다. 처자식이 있는 남자가 저금 한 푼 없이 소설가를 지망하며 회사를 그만둔 것이다. 미쳤다고밖에 표현할 길이 없다.

그로부터 몇 달 뒤, 나는 다 쓴 소설을 어느 신인 문학상에 투고했다. 그러나 그 작품은 2차 예선에서 떨어졌다. 나는 또 다음 작품을 썼다. 그 작품은 1차 예선도 통과하지 못했다. 쓰고 또 써도 좋은 작품은 나오지 않았다. 괴로움에 몸부림치는 나날이 이어졌고, 둘째 아이가 태어났다. 분만비와 입원비를 냈더니 500엔밖에 남지 않았다. 나는 나의 고생담을 쓰고 있는 것이 아니다. 갑자기 나를 덮친 신경증이라는 병이 대체 나에게 무엇을 주었는지를 쓰고 있는 것이다.

내 앞에 이케가미 기이치라는 초로의 인물이 나타난 것은 1975년 겨울이었다. 이케가미 씨는《나의 동료》라는 동인지를 편집하고 있었는데, 내 이야기를 소문으로 들었는지 어느 날 전화를 걸어왔다. 일요일인 내일, 동인들의 모임이 있으니 한번 와보지 않겠느냐는 권유였다. 나는 내키지 않았지만 이케가미 씨의 온후한 말투에 이끌려 그가 알려준 장소로 나갔다. 노인과 중년 부인들, 학생으로 보이는 젊은이가 모여 다음 잡지의 편집 회의를 하고 있었다. 이케가미 씨가 읽고 싶다기에 나는 내가 쓴 작품 두 편을 보자기에 싸서 들고 갔다. 돌아오는 전철 안에서 "동료들 분위기는 어땠습니까?" 하고 이케가미 씨가 물었을 때 나는 애매한 대답을 했다. 별로 호감을 느끼지 못했기 때문이다. 그러자 이케가미 씨는 "함께 해나갈 수 있겠어요?"라고 물었다. 어째서인지 나는 "네" 하고 대답했다. 이케가미 씨는 덜컹거리는 전철 속에서 상냥하게 웃었다.

집에 도착한 지 세 시간 정도 지나자 방금 헤어진 이케가미 씨로부터 전화가 걸려와 벌써 내 작품을 읽었다고 말했다. "당신은 쓸 수 있는 사람이에요. 재능이 있어요. 이것만은 틀림없어요. 어쩌면 천재인지도 모르겠네요" 하고 뜨거운 말투로 이야기했다. 나는 기뻐서 다음 작품을 필사적으로 써서 이케가미 씨의 집으로 가져가 읽어달라고 했다. 이케가미 씨는 문장의 결점과 구성상의 결점 등을 세세하게 지적해주며 당신은 반드시 세상으로 나아갈 사람이다, 초조해하지 말고 계속 써라, 하고 나를 격려했다. 그리고 생활은 어떻게 하는지 물었다. 빚을 져서 겨우 살아가고 있다고 대답하자 이케가미 씨는 잠시 생각하더니 자신이 경영하는 회사에서 일해보면 어떻겠느냐고 권했다. 회사라 해도 이케가미 씨가 혼자서 운영하는 PR지 제작 판매 회사였고 사원은 없었다. 이케가미 씨 혼자서 충분히 꾸려나갈 수 있는 상태라서 사원은 필요 없었던 것이다. 그런데도 나를 고용해주겠다고 했다. 나는 고마워서 눈물이 나려는 것을 꾹 참았다.

다음 날부터 나는 이케가미 씨의 회사에서 일하며 소설을 썼다. 밤새워 소설을 쓰고 다음 날 땡땡이를 쳐도 이케가미 씨는 아무 말 없이 모르는 척해줬다. 나는 〈배의 집〉이라는 단편소설을 완성해 이케가미 씨에게 보여줬지만 비평은 엄했다. 고쳐 써서 다시 보여줬지만 더욱더 손보라는 말을 들었다. '흙탕물 강'으로 제목을 바꾸고 이건 좋은 작품이라는 말을 들을 때까지 일곱 번이나 다시 썼다. 그 작품은 1977년에 제13회 다자이 오사무상을 받았고, 그 수상 후 첫 작품인 《반딧불 강》으로 나는 이듬해 제78회 아쿠타가와상을 받았다.

 나는 어째서 소설가가 될 수 있었나. 그런 질문에 정답은 없다. 하지만 내가 짊어진 신경증이라는 병을 나의 내적 필연으로 바라보았을 때, 나는 비로소 결심이 섰던 것이다. 거기서부터 내 안에 있는 생명命이 샘솟았다. 이케가미 기이치라는 사람과의 만남도 외적 우연이다. 그러나 나는 그것을 내적 필연으로 바라본다. 그렇게 바라보게 만드는 것 역시 생명의 힘이다.

 병에 걸린 것과 이케가미 기이치 씨를 만난 것. 이는 모두 나의 터닝 포인트가 되었는데, 그 터닝 포인트가 찾아온 방식은 고바야시 히데오 씨의 명언을 빌리자면 거의 종교적이기조차 했다.

〈흙탕물 강〉의 풍경

나의 마음속에는 언제나 한 풍경이 있었다. 대도시 변두리에서 합류하는 두 줄기의 커다란 강과 햇빛을 받아 황토색으로 빛나는 강 수면의 잔물결, 통통배에 끌려가는 나무배에 앉아 있는 개와 배 위에 널린 세탁물, 수상생활자들의 볕에 탄 미소 등이다. 그것들이 한 장의 그림처럼 변해 여차하는 순간에 일제히 움직일 때가 있었던 것이다. 전후관계는 물론이고 어떤 맥락조차 없는 한순간의 풍경을 나는 어떻게든 하나의 이야기로 만들어내고 싶다고 생각했다. 스물여덟 살 때의 일이다. 〈흙탕물 강〉이라는 소설은 요컨대 내 안에 숨어 있던 선명하지 못한 영상을 풀어헤쳐가며 자아낸 작품이다. 영상이 근저에 놓여 있던 소설이었다고 말해도 좋을지 모른다.

  〈흙탕물 강〉은 1977년에 제13회 다자이 오사무상을 받았고 문자 그대로 나의 출세작이 되었다. 고생해서 쓴 작품이었고(고생하지 않고 쓴 작품은 하나도 없지만) 작가로서의 디

딤돌을 만들어준 소중한 나의 재산이었으므로, 처음에 오구리 고헤이 씨가 영화화 이야기를 꺼냈을 때는 솔직히 말해 무척 망설였다. 순간적으로 내 머릿속에 번뜩 떠오른 것은 1955년이라는 시대를 표현하는 일의 어려움이었다. 그러나 〈흙탕물 강〉은 그 시대 배경 없이는 성립하지 않는 작품이기도 했으니, 예산이 적은 독립 프로덕션에 과연 촬영할 만한 역량이 있을까 우려했던 것이다. 하지만 〈흙탕물 강〉을 자신의 데뷔작으로 고른 오구리 씨의 열의는 강했고, 채산을 따지지 않고 자금을 댈 거라는 기무라 프로덕션의 기무라 모토야스 씨가 지닌 독실한 인품에도 이끌려 나는 영화화를 승낙했다.

영화는 약 1년 뒤에 완성되었고, 나는 영화사 도호의 오사카 지사에 있는 작은 시사실에서 아역들 및 그들의 가족과 함께 완성된 작품을 봤다. 그것이 어떤 영화였는지는 내가 굳이 여기에 쓸 필요가 없을 것이다. 이제부터 영화를 보실 분들이 저마다 느껴주시면 될 일이다. 단 한 가지, 내가 기뻤던 부분은 〈흙탕물 강〉이 영화를 사랑하는 장인들의 손으로 정말 정성껏 만든 작품이라는 것이 분명히 전해졌다는 점이다. 영화를 사랑하는 장인들. 이런 사람들이 불우한 처지를 한탄하게 된 지 얼마나 지났을까. 영화를 사랑하는 장인들이 소중하게 만든 작품을 우리는 예전에 변두리 영화관의 입석에서 센베이* 같은 것을 베어 먹으며 스크린이 뚫어져라 보고는 했다. 우리는 한때 영화로부터 인생의 기쁨과 살아갈 용기를 얻었지만, 지금 대부분의 영화관에서는 그때만 즐거운, 1회성의, 인간을 모독하는 시시하고 우스운 영화만 상영하고 있다.

영화 〈흙탕물 강〉은 완성되긴 했으나 극장 개봉을 할 전망은 전혀 보이지 않았다. 처음부터 각오는 했었다고 말했지만 오구리 씨가 느낄 원통함을 나도 잘 알았다. 오랜 밑바닥 생활을 거친 한 무명의 젊은 영화 작가를 위해, 나는 어떻게든 〈흙탕물 강〉에 볕이 들기를 바랐다. 그렇지 않으면 우리는 앞으로도 영원히 영화를 사랑하는 장인들의 손으로 소중히 만든 작품을 접하지 못하게 되는 것이 아닌가. 그렇게조차 생각했던 것이다.

정말로 운 좋은 길을 거쳐 〈흙탕물 강〉은 도에이 센트럴 필름의 배급으로 극장 개봉하게 되었다. 그런 인연과 기회를 만들어준 것은 시사회에서 영화를 본 매스컴 관계자들의 입소문과 소게쓰홀에서 단 사흘 동안 선개봉했을 때에 4천 명에 달하는 관객이 보낸 찬사였다. 내 안에 잠들어 있던 하나의 풍경은 오구리 고헤이라는 앞길이 창창한 청년 감독의 손에 의해 기품과 청징淸澄으로 가득한 영상이 되어 생생하게 움직였다. 내가 쓴 〈흙탕물 강〉과 오구리 씨가 만든 〈흙탕물 강〉은 자연히 다를 테지만, 두 작품에는 분명 공통된 '풍경'이 입을 벌리고 있다. 소년 시절을 거쳐온

---

* 멥쌀을 빻은 것을 굽거나 튀겨 만든 일본의 쌀 과자.

어른들이 모두 저마다의 마음에 숨겨두고 있는 그 그리운 풍경이다.

〈흙탕물 강〉의 영화화

〈흙탕물 강〉이라는 소설은 1977년 다자이 오사무상을 수상하며 나를 문단으로 내보내줬다. 이른바 나의 출세작인 것이다. 마지막 장면은 영화로 만들면 분명 멋진 신이 될 거라고 심사위원 중 누군가가 말했다는 것을 나는 뒷날 담당 편집자에게 전해 들었다. 그러나 나는 〈흙탕물 강〉이 설마 영화로 만들어지리라고는 상상도 하지 못했다. 원작을 읽은 분이라면 아시겠지만 기복이 풍부한 드라마가 전개되는 것도 아니고, 등장인물과 무대가 되는 풍경에도 이렇다 할 특징이 없는 수수한 소설이라서 지극히 영화화하기 힘든 작품이라고 생각했던 것이다.

그러나 소설을 발표하고 2년 정도 지난 1979년 가을에, 내 동년배인 듯한 어느 청년이 갑자기 전화를 걸어와 〈흙탕물 강〉을 영화화하고 싶으니 작가의 허가를 받고 싶다고 말했다. 그것이 오구리 고헤이 감독이었다. 그는 전화로 "〈흙탕물 강〉을 내 영화감독 데뷔작으로 삼고 싶다고 쭉 생각해왔어요"라고 말했다. 들어보니 배급처도 미정, 개봉될 전망도 전혀 없고 그저 돈을 대겠다는 사람이 하나 있을 뿐이라고 한다. 나는 불안해져서 잠시 수화기를 귀에 꼭 붙인 채 입을 다물고 있었다. 그러나 〈흙탕물 강〉이 한 젊은 영화감독의 데뷔작이 된다는 점이 나의 마음을 움직였다. 나는 어쨌거나 오구리 고헤이라는 사람을 만나보기로 했다.

오구리 씨는 영화 제작에 돈을 대겠다는 기특한 사람과 함께 나의 집을 찾아왔다. 그것이 기무라 프로덕션의 기무라 모토야스 씨였는데, 그는 평소에 철공소 등을 운영하며 자금을 모아 그 돈으로 영화를 만들고 있다고 말했다.

"〈흙탕물 강〉을 영화로 만들면 돈을 벌 거라고 생각하세요?"

내가 물었다. 기무라 씨는 눈을 끔뻑이며 진지한 얼굴로 대답했다.

"아마 큰 손해를 보겠지요"

"그럼 어째서 굳이 이런 고생을 떠맡으시나요?"

"영화를 좋아합니다. 좋은 영화를 만들고 싶어요. 팔리지 않더라도 만들어두면 남습니다."

기무라 씨는 커다란 몸을 작게 움츠리며 그렇게 중얼거렸다. 나도 예전에는 영화를 좋아했다. 영화야말로 사람이 만들어낸 훌륭한 종합예술이라고 생각했다. 그런데 최근 몇 년 사이 나는 영화관으로 발걸음을 하지 않게 되었다.

화려한 광고에 낚여 비싼 표 값을 지불해도, 겉보기에만 요란할 뿐 얼토당토않은 졸작을 보고 실망하는 것이 고작이었기 때문이다. 나는 어느새 영화로부터 완전히 멀어졌다. 그럴 때 무명의, 그러나 영화에 대해 펄펄 끓는 열정을 품고 있는 두 사람을 알게 된 것이다. 오구리 씨 역시 대학을 졸업한 뒤로 내내 조감독 생활을 하며 언젠가는 올지도 모를 기회를 계속 기다려왔다고 한다. 나는 내가 쓴 소설이 그런 사람에게 팔린다는 것을 영광으로 여기며, 눈 딱 감고 영화화를 허락하기로 했다.

〈흙탕물 강〉은 얼마 안 되는 자금으로 영화를 사랑하는 장인들의 손에 의해 영화화되었다. 원작의 특징을 살리기 위해 일부러 흑백 필름에 스탠더드 화면 비율로 촬영했고, 공개 모집으로 선발한 세 아역은 감독과 숙식을 함께하며 연기를 철저하게 배워나갔다. 영화는 무사히 완성되었지만 예상했던 대로 대형 영화사는 사주지 않았다. 개중에는 시사회조차 제대로 봐주지 않는 회사도 있을 정도였다. 그런데 도쿄의 소게쓰홀에서 단 사흘 동안 상영해봤더니 특별한 광고를 한 것도 아닌데 수많은 관객이 몰려들었다. 마지막 장면에서는 관객 사이에서 박수 소리조차 났다고 한다.

그 평판이 입에서 입으로 전해져 많은 신문과 잡지에서 이 영화를 다루었고, 도에이 센트럴이라는 회사의 배급으로 5월 하순부터 전국에서 개봉하기로 결정되었다. 게다가 오구리 고헤이 씨는 이 작품으로 그해의 감독협회 신인장려상을 수상했다. 나는 그 소식을 신문에서 보고 내 일처럼 기뻤다. 오랜 밑바닥 시절을 견뎌온 한 청년에게 겨우 꽃 한 송이가 피었다. 아아, 정말 잘 됐구나 하는 심정이었다. 나의 출세작이 된 작품은, 또한 동시에 오구리 고헤이라는 무명 감독의 출세작도 되었던 것이다. 그것은 〈흙탕물 강〉이라는 작품이 지닌 운명이었을지도 모른다.

오구리 고헤이 씨에 대해

오구리 고헤이 감독과는 벌써 상당히 오랫동안 만나지 않았다. 왠지 5, 6년은 얼굴을 마주하지 않은 듯한 기분이 들지만, 잘 생각해보니 작년 가을 오사카의 도톤보리에서 만난 적이 있다. 어느 잡지의 기획으로 오구리 씨가 카메라맨이 되어 나를 찍고, 그것을 그라비어인쇄 페이지에 싣기로 했다. 오구리 씨는 영화감독이니 카메라맨에게 찍는 것을 시키는 쪽 사람이지만, 그런 일을 하는 인물에게 셔터를 누르게 하는 재미를 노린 기획이기도 했을 것이다.

 오구리 씨는 내가 쓴 소설 〈흙탕물 강〉을 영화화했고, 당시 그 작품의 훌륭한 만듦새 덕분에 일약 매스컴의 총아가 되어 있었다. 원래라면 그가 찍히는 입장이었을 테지만 오구리 씨는 흔쾌히 제안을 받아들여 일부러 도쿄에서 발걸음을 해주셨다.

 잡지를 보는 사람도, 그 기획을 세운 편집자도, 물론 이 나도 오구리 씨가 카메라맨으로서는 완전히 아마추어라는 사실을 알고 있다. 그래서 나는 촬영이 금방 끝나리라 생각했다. 동행한 편집자도 그렇게 생각했던 모양이다. 하지만 촬영은 장장 세 시간도 넘게 이어졌다. 오구리 씨는 카메라의 파인더를 들여다보며 집요하게 셔터를 눌러댔고, 절대 끝내자는 말을 하지 않았다.

어떤 장소에 나를 앉혀두고서 가까이 다가오는가 싶으면 멀어지며, 연신 고개를 갸웃거리며 셔터를 눌렀다. 사진이란 찍히는 쪽도 상당히 피곤한 법이다. 적당히 마무리하면 좋을 텐데, 나는 생각했지만 오구리 씨의 진지함에 감동받아 그런 말은 그만 입 밖에 내지 못하게 되었다.

오구리 씨는 찻집에서의 촬영이 마무리되자 다음에는 나를 에비스 다리 위로 데려가 다리 끝에서 끝까지 몇 번이나 오가게 했고, 그것이 끝나자 난간에 기대라고 하더니 인파에 부대끼며 허리를 구부렸다가 발돋움을 하고, 오른쪽으로 이동했다가 왼쪽으로 달리며 사진을 찍었다. 오구리 씨가 멀리서 나에게 미소 지으며 손가락을 구부려 오케이 사인을 보내기에 아이고, 끝났구나 생각했지만 어림도 없었다. 거기까지가 시작이었고, "한 컷 더 찍읍시다" 하며 이번에는 도톤보리 일대로 나를 데려갔다. 오구리 씨는 큰 식당 앞에 나를 세워두고 또 몇 번이나 셔터를 눌렀다.

그곳에서의 촬영이 끝나자 이번에는 오래된 헌책방 앞으로 가 뭐든 좋으니 책을 서서 읽고 있으라고 주문했고, 다시 온갖 각도에서 나를 찍었다. 암만 그래도 이제 이걸로 끝이겠지, 하고 나도 편집자도 생각했지만 어딜, 오구리 씨는 아직도 더 찍을 기세였다. 도톤보리 일대에서는 가도자 쪽에서 에비스 다리의 시작점을 향해 걸어줬으면 한다고 말했다. 어쩔 수 없이 그 말을 따랐다. 그러자 조금 더 천천히 걸어달라며 재시도를 명령했다. 다시 원래 위치로 돌아가 천천히 걸었다. 속도는 지금 정도로 괜찮은데, 여기저기의 풍경을 보면서 걸어달라고 했다. 그 말대로 했다. 다시 한 번, 하고 오구리 씨는 말했다. 다시 한 번, 다시 한 번…….

나는 도톤보리 일대의 인파 속을 대체 몇 번이나 왕복했는지 모른다. 다시 한 번 덧붙여두지만 오구리 씨는 영화감독이지 카메라맨이 아니다. 오구리 씨가 서툰 사진을 찍었다 한들 아무도 트집 잡을 사람이 없다. 설령 좋은 사진이 나왔다 해도 오구리 씨에게는 득도 실도 되지 않는 일이다. 나는 기진맥진한 채 그제야 비로소 오구리 고헤이라는 사람을 안 듯한 기분이 들었다.

나는 영화 〈흙탕물 강〉의 성공을, 원작이 좋았기 때문이라며 자만하고 있었다. 하지만 그렇지 않았다. 잡지의 그라비어 사진을 찍는, 신진 영화감독 오구리 고헤이에게는 득도 실도 되지 않는 작업에 이렇게까지 심혈을 기울이는 그의 '무언가를 창조하는' 일에 대한 일념과 집념이 그 견밀하고 청징한 영상을 만들어낸 것이다.

하지만 그렇게 생각하면서도, 일본 아카데미상에서 최

우수 감독상을 받았지만 각본상을 다른 작품에게 빼앗긴 일을 두고 나는 오구리 씨에게 전화로 농담 비슷하게 "원작이 훌륭한 덕분이라고 말하지 않았던 벌이야"라고 말했다. 얼마나 도량이 좁았던가.

그는 순간적으로 그것을 농담이 아니라 내 본심에서 나온 말로 받아들였을 터다. 이 지면을 빌려, 오구리 씨에게 나의 속 좁음을 깊이 사과드리고 싶다.

《도톤보리강》의 영화화

대학 시절 고작 석 달 정도, 통칭 '남쪽' 환락가에서 일했던 때가 있다. 아버지가 돌아가신 직후였으니 13년쯤 전일까. 호젠지法善寺 골목에 있던 작은 바의 바텐더 일을 구했다. 미즈와리*밖에 못 만드는 바텐더였다. 그 바는 내가 일을 시작한 지 석 달 만에 망해버렸다. 나는 곧장 어느 호텔의 보이 자리를 찾아서 도톤보리를 떠났지만, 그 고작 석 달 동안에 불과했던 도톤보리강 주변에서 보낸, 거의 사고무친이었다 해도 좋을 생활 속에서 만났다가 눈 깜짝할 사이에 헤어진 수많은 사람들은 다양한 감회와 함께 마음 깊은 곳에 각인되어 있다. 여러 명의 여장 남자들, 이타마에** 들, 호스티스들, 무슨 일을 하는지도 알 수 없는 정체불명의 남자와 여자 들. 모두 하나같이 뺨이 얇았고, 쓸쓸한 눈

---

* 사케, 소주, 위스키 등의 술에 물을 타서 마시기 쉽게 만든 것.
** 일본 요리 요리사, 또는 그 요리사 우두머리.

빛을 흠칫 놀랄 정도로 여실히 빛내는 사람들이었다. 분명 나도 그 시절 그들과 같은 눈으로 도톤보리강 주변을 돌아다녔을 것이다.

호젠지 골목에서 센니치마에 일대를 빠져나와 닛폰바시 쪽으로 걸어간 적이 있다. 골목에서 골목으로 꺾어 들어가 이제 여기가 대체 어디인지 모르게 된 무렵, 한 작은 당구장이 나왔다. 한산한 가게 안에서 초로의 남자가 홀로 당구를 치고 있었다. 나는 밖에서 유리창 너머로 그 남자의 당구봉을 다루는 정교한 솜씨를 구경했다. 나와 함께 있던 남자가 "돈이 걸린 게임을 시키면 일본에서 가장 강한 남자였어요" 하고 귀띔했다. 나는 오랫동안 그 늙은 당구사師를 보고 있었다. 이윽고 남자와 눈이 마주쳤다. 남자는 저쪽으로 가라는 듯 가볍게 손사래를 쳤다. 다정한 눈이었지만 나는 그 눈이 무섭다고 느꼈다. 변두리 당구장에서 홀로 묵묵히 홍백의 공을 치던 늙수레한 남자의 모습은, 그로부터 몇 년이 지나 매번 떠올릴 때마다 내 안에서 어떤 종말감終末感을 띤 하나의 확고한 영상이 되어갔다.

《도톤보리강》이라는 소설은 이름도 모르고 스쳐 지나간, 유리창 너머로 봤을 뿐인 한 인물을 내가 멋대로 반죽해 만들어낸 가공의 이야기다. 나는 이야기 속에 마치코 누나와 구니히코와 마사오와 가오루와 그 외 역시 내가 만들어낸 다양한 인물들을 집어넣었다. 〈흙탕물 강〉은 움직이는 풍경에서 태어난 소설이었지만, 《도톤보리강》은 초로의 남자가 당구를 치고 있는 한 장의 그림으로부터 창조되었다고 말해도 좋을 듯하다. 그리고 완성된 소설의 영화화에는 처음부터 어려움이 가로놓여 있었다. 영화는 정지된 한 폭의 그림이 아니기 때문이다. 게다가 영화에는 영상 작가에 의한 생략과 원작에는 없는 새로운 구성이 있어야 마땅하니, 이미 원작과는 좋든 싫든 멀어져야만 하는 일견 모순처럼 보이는 작업이 시행된다. 《도톤보리강》은 그러한 생략과 새로운 창조를 거부하는 소설에 속하므로, 영화의 성공은 가혹하리만치 감독 후카사쿠 긴지 씨와 각본가 노가미 다쓰오 씨의 재능에 달려 있다. 나의 '그림'을 이 힘 있는 베테랑 영화 작가가 어떻게 움직이게 만들지, 나는 느긋하게 초콜릿이라도 베어 먹으며 영화관의 어둠 속에서 즐기려 한다.

나의 《준마》와 일본더비

《소설 신초 스페셜》 1982년 봄호부터 나는 《준마》라는 소설을 연재하기 시작했다. 제목이 말해주듯 경주마의 세계에서 소재를 가져온 소설이다. 출판사 사정으로 제2장부터는 《신초》에 세 달마다 연재하기로 했는데 예정상으로는 총 8장章, 원고지 800매를 넘는 작품이 될 것이다. 그러니 이제부터 2년 동안 내 마음속에는 가공의 서러브레드 한 필이 때로는 울고, 터프^{turf}*를 질주하며, 그 커다란 눈망울에 다채로운 색채를 띄우고 살아가게 되겠지. 서러브레드 한 필에 자기 인생의 꿈을 맡긴 여러 사람들의 이야기이긴 해도 주인공은 어디까지나 말 없는 검푸른 경주마인 셈이다.

 나와 경주마의 만남은 이십몇 년 전으로 거슬러 올라간다. 초등학교 5학년쯤 되었던 나를, 아버지는 자주 요도의

---

* 경마에서 잔디를 깐 주로(走路).

교토 경마장에 데려갔다. 당시는 지금과 같은 경마 붐이 일지 않아서 경마장은 뭔가 한가로운 분위기였다고 기억한다. 아버지는 돈을 따면 택시로 기온 거리의 찻집에 쳐들어가 나를 중년 게이샤에게 맡겨두고 자신은 다른 방에서 떠들썩하게 놀았다. 돈을 잃은 날은 게이한 전철을 타고 터덜터덜 난바까지 가서 작은 술집에서 나를 옆에 앉혀둔 채 소주를 마셨다. 그런 사람이었다. 유복했던 시절에도 가난했던 시절에도 언제나 시원스러운 방식으로 마권을 샀다. 어떤 때라도 경마를 놀이로 받아들여서 결코 거기에 푹 빠지는 일은 없었다. 아버지는 어린 나에게 종종 "빌린 돈으로 마권을 사서 돈을 딴 녀석은 없어"라는 말을 했다. 아버지의 그 말뜻을 뼈에 사무치게 깨달은 것은 그로부터 스무 해가 지나 내가 경마에 미쳐서 호된 꼴을 당한 뒤였다.

경마에 관한 아버지와의 추억 가운데 지금도 묘하게 선명히 남아 있는 장면은, 아버지가 경주를 끝내고 돌아가는 말을 타고 있던 한 젊은 기수를 가리키며 "저 녀석은 조만간 일류 기수가 될 거야"라고 말했던 것이다. 희귀한 성이었기 때문에 이십몇 년 전 어린 나의 마음에 뚜렷하게 새겨진 거겠지. 다케 구니히코라는 기수였다. 아버지는 세상을 떠나기 반년쯤 전 대학생이었던 나에게 천 엔짜리 지폐를 세 장 건네며 어떤 경기의 단승* 마권을 사오라고 했다. 그 무렵 아버지는 사업에 실패해 무일푼이나 다름없는 처지가 되어 있었다. 나는 우메다의 장외 마권 발매소에 가서 떨어져 있던 예상지를 주워 아버지가 찍어준 말의 이름을 봤다. 말 이름은 잊었지만 기수는 다케 구니히코였다. 나는 혼잡한 장외 마권 발매소 한구석에 서서 그 경주가 시작되기를 기다렸다. 그리고 경주 실황 방송을 들었다. 아버지가 점찍은 말은 낙승하여 1,320엔의 배당이 붙었다. 나는 곧장 그것을 돈으로 바꿔 북쪽 번화가에서 전부 술로 탕진해버렸다. 다음 날 아버지는 나에게 물었다. "다케는 이겼냐?" 나는 "못 이겼어. 3착이었어요"라고 대답했다. 아버지는 "그렇구나, 역시 없는 돈으로 마권을 사면 될 말도 안 되는군" 하고 웃었다. 나는 주뼛주뼛 아버지의 표정을 살피며 "오늘 아침 신문 안 봤어요?" 하고 떠봤다. 아버지는 "눈도 귀도 어두워져서 라디오도 안 들었고 신문도 안 봤다"라고 했다. 그 대답에서 나는 내 거짓말이 들켰다는 것을 알아차렸다. "내가 이 세상에서 산 마지막 마권이야. 마지막을 패전으로 만들다니, 다케 자식. 몹쓸 녀석이구먼." 아버지는 그렇게 말하며 다시 웃었다. 하지만 아버지는 경마에 관해서라면 마지막을 승전으로 장식했다는 사실을 분명히 알고 있었다. 그리고 3만 9,600엔의 배당금을 무엇에 썼는지, 나에게 한마디도 물어보려 하지 않았다.

  아버지가 돌아가시고 몇 년이 지나 나는 《반딧불 강》이

---

* 경마나 경륜 등에서 1등만 맞히는 방식.

라는 소설로 아쿠타가와상을 받으며 작가 생활을 시작했다. 아버지가 살아 계셨다면 얼마나 기뻐하셨을까 생각하며, 욕조에 몸을 담그고 한바탕 울었다. 그때 언젠가 한 필의 서러브레드를 주인공으로 삼은 소설을 쓰자고 생각했다. 제목은 금방 정했다. 일본중앙경마회가 발행하는 《준마優駿》라는 잡지가 머릿속에 떠올랐던 것이다. 준마—단어의 울림에 상쾌함과 늠름함이 있고, 게다가 어딘가 격렬함이 느껴졌다. 그러나 경주마의 세계를 소설로 쓰려면 일단 나 자신이 차분히 그 세계를 공부해야만 한다. 상당히 번거로운 취재를 거쳐 충분한 준비를 갖춘 뒤에 시작하지 않으면 실패하고 만다. 경마를 다룬 도박 소설이라면 국내뿐만 아니라 해외에도 산더미처럼 있지만 나는 그것과는 다른 것을, 서러브레드라는 신비로운 생명체 자체에 대한 글을 쓰고 싶었다. 그런 생각이 나를 멈춰 세웠다. 섣불리 손을 댈 수는 없다. 그렇게 생각하며 몇 해가 흘렀다.

　말의 아름다움은 불가사의하다. 단순한 자태나 털의 아름다움이 아니다. 그것은 인위적으로 도태되어, 인지人智에 의해 만들어져온 생명체만이 가지는 뭔가 독특하고 신비로운 아름다움이다. 그런 서러브레드의 '아름다움'과 그 아름다움이 숙명적으로 지니고 있는 슬픔을 띤 호수 위에, 각각의 인생을 살아가는 사람들을 띄워서 회전시켜나가면 그로써 좋지 않을까. 거기까지 생각이 미치자 어깨의 힘이 빠져서, 나는 겨우 《준마》의 제1장을 마치고 제2장을 쓰기 시작한 참이다.

그나저나 준마라고 하면 역시 더비Derby*가 가장 먼저 마음을 스친다. 나는 어찌된 영문인지 이제까지 한 번도 더비 마권을 맞힌 적 없다. 하지만 오크스Oaks** 마권은 오히려 한 번도 빗맞힌 적이 없다. 다니노 무티에를 중심으로 샀을 때도 다케 호프를 중심으로 샀을 때도 모두 각각 1착으로 들어왔지만 2착마를 빗맞혀버렸다. 아직 회사원이었던 무렵, 나는 히카루 이마이가 들어 있는 모든 그룹***의 마권을 샀다. '맞혀도 오히려 손해'인 상황을 각오하고서라도, 어쨌거나 적어도 한 번쯤은 더비의 마권을 맞혀보자고 생각했던 것이다. 마침 그날 나는 출장 명령을 받아 시가현과 후쿠이현의 경계 근처에 있는 작은 마을에 가야만 했다. 나는 조금 빨리 일어나 우메다의 장외 마권 발매소에 가서 히카루 이마이가 들어 있는 5그룹이 포함된 마권을 전부 샀다(고 생각했다). 일을 마친 것은 두 시가 지난 무렵이었고, 나는 택시로 비와호 호숫가를 달려 오쓰로 돌아가

---

* 일본중앙경마회가 도쿄경마장에서 여는 간판 경주 중 하나인 일본더비를 뜻하며, 도쿄유슌(東京優駿)이라고도 한다. 이 경주에서 우승하는 것은 일본 경마의 모든 관계자가 동경하는 최고 영예 중 하나이며, 서러브레드계 3세마가 출주할 수 있다.
** 더비와 마찬가지로 일본중앙경마회가 도쿄경마장에서 여는 주요 경주 중 하나. 서러브레드계 3세마 중 암말만 출주할 수 있다.
*** 일본의 경마에서는 출주마를 최대 여덟 그룹으로 나누어 번호를 붙이며, 마권 종류에 따라 이 그룹 번호를 사용해 구매하기도 한다.

고 있었다. 그리고 TV가 있을 법한 찻집을 찾았다. 두 번째로 들어가 본 작은 찻집에 TV가 있어서 택시를 세워두고 안으로 들어갔다. 마침 말들이 출발대로 들어와 경주를 시작한 참이었다. 나는 오직 한마음으로 히카루 이마이만 보고 있었다. 히카루 이마이만 먼저 들어오면 되는 것이다. 히카루 이마이가 포함된 모든 마권을 샀으니까. 그러나 히카루 이마이가 실패하면 전부 실패한다.

다른 말들이 전부 멈춘 것처럼 보이는 히카루 이마이의 추격에 나는 펄쩍 뛰어올랐다.* 2착으로 같은 그룹의 하버 로얄이 들어와 5-5의 줄줄이ゾロ目** 마권이 되었다. 드디어 땄다. 5천몇 엔의 고배당이다. 나는 택시로 돌아와 가슴 주머니에서 마권을 꺼냈다. 먼저 1-5마권을 뭉쳐 택시 안의 재떨이에 버렸다. 2-5, 3-5, 4-5의 순서로 뭉쳐서 버리고는 당첨 마권일 5-5마권을 집어 들었다. 그런데 그것은 5-6이었고, 다음은 5-7, 그리고 마지막 한 장은 5-8이었다. 뭉쳐서 버린 마권을 허둥지둥 펼쳐봤지만 5-5만 없었다. 자주 있는 이야기다. 줄줄이 마권만 깜박하고 사지 않은 것이었다. 오쓰에서 국철을 타고 스스로의 어리석음에 진저리를 치다가 문득 아버지를 떠올렸다. 아버지에게 거짓말을 한 벌을 받았다는 생각이 들어서, 왠지 속죄를 한

---

* 이 1971년의 일본더비에서 히카루 이마이는 계속 뒤쳐져 있다가 마지막 직선 코스에서 무려 22마리를 제치며 우승을 거머쥐었다.
** 그룹 연승식(와쿠렌)에서 같은 그룹의 말이 1, 2등을 차지한 것을 뜻하는 속어.

듯한 기분이었다.

  여기까지 쓰고서 나는 지금 번개 같은 깨달음을 얻었다. 내가 더비에서 마권의 축으로 삼았던 말은 모두 1착으로 들어오지 않았는가. 그렇다면 뭘 망설이겠는가. 단승 마권을 사면 되는 것이다. 어쩌면 더비에 한해서라면 나는 단승 귀신인지도 모른다. 올해 더비는 ××××××의 단승 마권을 살 테다.

'바람의 왕'에 매료되어

올해 봄부터 《준마》라는 소설을 연재하기 시작했다. 한 회당 원고지 100매이고, 석 달마다 8회에서 10회에 걸쳐 계속 써나갈 예정이니 어쩌면 1,000매가 넘는 장편이 될지도 모른다.

한 필의 서러브레드를 주인공으로 삼은 소설을 쓰고 싶다고 생각한 것은 내가 아쿠타가와상을 받은 1978년 봄 무렵부터지만, 그런 마음은 뒤집어 생각해보면 25년 전 심한 눈보라에 휩싸인 채 도야마에서 오사카로 향하는 다테야마 1호 열차 속에서 싹텄다고 말해도 좋을 것이다. 새 세상을 찾아 오사카에서 도야마로 떠났던 아버지는 고작 1년 만에 사업에 실패해 무일푼이나 다름없는 상태로 다시 오사카로 돌아가게 되었다. 그날 열차를 타기 전, 나는 도야마역 2층에 있던 작은 서점에서 책 한 권을 선물 받았다. 영국 작가가 어린이를 위해 쓴 《바람의 왕, 고돌핀 아라비안》이라는 책으로, 서러브레드 3대 시조 중 한 필인 고돌핀 아라비안의 기구한 생애를 전설과 작가의 상상을 뒤섞어 그려낸 소설이었다. 나는 열 살이었지만 어린 마음에도 아버지의 꿈이 박살나 오사카로 돌아간다는 것을, 앞날을 걱정해 어머니의 표정이 어두웠던 것을 또렷이 느꼈다. 아버지도 어머니도 끝없이 퍼붓는 눈만 보며 아무 말이 없었다. 그런 상태에서 《바람의 왕, 고돌핀 아라비안》을 읽은 것이다. 끝까지 다 읽은 것은 열차가 교토에 도착하기 조금 전이었다고 기억한다. 나는 그때 처음으로 서러브레드라는 생명체를 알게 되었다. 열 살이었던 나는 감동했다. 말을 좋아하게 되었다. 서러브레드란 얼마나 신비로운 생명체인가. 언어로 표현하자면 그에 가까운 깊은 감명을 받았던 것이다.

  우리 가족은 그 뒤로도 아마가사키와 오사카의 나카노시마, 후쿠시마구 등을 전전하며 살았다. 이사할 때마다 가난은 더해졌다. 나는 어릴 적부터 독서를 좋아했다. 하지만 아버지는 그런 나에게 단 한 권의 책조차 사주지 못하는 처지가 된 것이다. 그래서 내가 가진 책은 《바람의 왕, 고돌핀 아라비안》 딱 한 권밖에 없었다. 나는 몇 번이고 그 소설을 되풀이해 읽었다. 그리고 처음 몇 페이지와 마지막 몇 페이지를 외우게 되었다. 지금도 나는 그것을 틀리지 않고 욀 수 있다. 그런데도 어째서인지 그 영국 작가의 이름을 아무리 해도 떠올릴 수 없다. 나는 내가 고등학생 때 나와 어머니를 버리고 외간 여자에게로 달아난 아버지에 대한 증오를, 아버지가 사준 몇 가지 물건을 모조리 시궁창에 내던짐으로써 떨쳐버리려 했다. 만년필, 낚싯대, 현미경……. 그중에는 《바람의 왕, 고돌핀 아라비안》도 들어 있었다. 그것들은 수태와 기름이 뒤섞인 시궁창 밑바닥으로 가라앉아버렸다. 그러나 "항아리 속 벌꿀에 햇빛이 비친 듯한" 아름다운 황금빛 털을 가진 한 필의 말은 결코 내 안에서 사라지지 않았다.

아버지가 돌아가시고 10년 뒤, 나는《반딧불 강》이라는 소설로 아쿠타가와상을 수상하며 작가 생활을 시작했다. 그리고 어느 날 갑자기 《바람의 왕, 고돌핀 아라비안》의 마지막 부분을 떠올렸다. 아라비아말 고돌핀이 천수를 다해 이 세상을 떠난 후, 그 주인이었던 고돌핀 백작은 목장 한구석에 작은 돌비석을 세웠다. 하지만 거기에는 "고돌핀 이곳에 잠들다"라고만 새겨져 있을 뿐, 그 말의 공적은 무엇 하나 쓰여 있지 않았다. 목장을 방문해 그 점을 의아하게 여겨 질문하는 사람들에게 백작은 웃으며 대답한다.

"어째서 그 말의 위대한 공적을 새겨두지 않느냐고요? 그럴 필요가 없기 때문이지요."

아라비아말 고돌핀이 얼마나 위대한 말이었는지 알고 싶다면 경마장에 가면 된다. 거기서는 아라비아말 고돌핀의 피를 이어받은 자손들이 바람보다 빠르게 터프를 달려 나가는 모습을 볼 수 있을 것이다. 그것만으로 충분하지 않은가. 백작은 그렇게 말하고 싶었던 것이다. 물론《바람의 왕, 고돌핀 아라비안》은 소설이다. 거기에는 허구와 사실이 뒤섞여 있다. 하지만 《바람의 왕, 고돌핀 아라비안》을 시궁창에 버린 순간을 떠올릴 때면 그렇게나 미워했던 아버지의 모습이 내 안에서 거의 동시에 되살아난다. 그러면 어째서인지 허구와 사실은 양쪽 다 환상처럼, 양쪽 다 현실처럼 내 안에서 퍼져간다.

  나는 《준마》의 주인공을 고돌핀 아라비안의 피를 이어받은 수컷 청가라말*로 설정했다. 현실에서 고돌핀 아라비안의 피는 매첨^{Matchem}계로 갈라져 나갔고, 그 7대 후손인 웨스트 오스트레일리안이 영국 경마 클래식 경주의 초대 3관마가 되었다. 그리고 그 아들 오스트레일리안의 4대 후손으로 미국에서 맨오워$^{Man\ O'\ War}$가 태어나 21전 20승의 전적을 남겼다. 이 혈통은 이윽고 일본에도 전해졌지만 맨오워의 아들인 쓰키토모가 좋은 성적을 남긴 정도이니 결코 번영하고 있는 것은 아니다. 그러므로 내가 《준마》의 주인공을 고돌핀 아라비안의 후예로 설정한 것은 그저 고돌핀에 대한 나의 애착에 불과하며, 경마 관계자로부터는 반론이 나올지도 모른다. 하지만 나는 그것은 그것대로 괜찮다고 생각한다. 한 필의 경주마를 중심에 두고 그 말을 둘러싼 사람들 각각의 인생을 묘사해나감으로써 서러브레드라는 생명체의 신비로운 아름다움과 슬픔을 드러낼 수 있다

---

* 털빛이 검푸르게 보이는 말.

면, 소설은 성공했다고 여기려 한다.

　이 짧은 글을 적으며 나는 아버지를 또다시 떠올리고 있다. 올해 서른다섯 살이 된 나는 이제야 아버지가 어째서 아내와 자식을 버렸는지 알 듯한 기분이 든다. 나에게 있어 온갖 일들은 모두 아버지의 영상으로 연결되는데,《바람의 왕, 고돌핀 아라비안》이라는 한 권의 책 또한 나를 아버지의 품으로 데려가준다. 아버지가 얼마나 자신의 아내를 사랑했는지, 얼마나 외동아들을 사랑했는지, 지금 나는 안다. 어쩌면 나는《준마》라는 경주마의 세계를 다룬 소설을 통해 아버지와 아들을 그리려 하고 있는지도 모른다.

　석 달에 한 번씩 열 편을 연재하면 완성하는 데 3년이 걸리는 셈이다. 3년 동안 나의 마음속에 가공의 서러브레드 한 필이 계속 존재하는 것이다. 그 한 필의 말에 자신의 꿈을 맡긴, 경주마 생산자와 마주와 조교사와 기수가 지닌 인간으로서의 기쁨과 슬픔을 배경으로 나의 '바람의 왕'을 창조해낼 수 있다면 행복할 것이다.

금수의 나날

아버지가 돌아가시고 1년 반쯤 지난 무렵이었다고 기억하니, 지금으로부터 약 12년 전 가을의 일이다. 나는 어느 광고회사에 취직해 카피라이터로 일하게 된 지 반년도 채 지나지 않아 벌써 내 일에서 피로에 젖어 있었다. 내가 만들어내는 광고 작품이, 캐치프레이즈라는 것이, 순식간에 사라져가며 흔적도 없이 멸종해버리는 위선의 산물이라는 점에 비애와 공허함을 느꼈던 것이다. 게다가 이것은 꽤 오랜 후에 알게 되었는데, 아무래도 그 무렵부터 나의 오른쪽 가슴 쇄골 아래 부근에 결핵으로 인한 쌀알 크기의 병터가 생겼던 듯하다. 아직 스물세 살이었던 나는 온몸이 늘 가벼운 권태감에 휩싸여 있는 것을 미심쩍게 여기기 시작했다.

　나는 맑게 갠 늦가을에 나라奈良로 갔다. 부동산 회사의 팸플릿을 만들기 위한 사진 촬영이 주 목적이었다. 카메라맨과 디자이너와 나 세 사람은 저녁 무렵 일을 마치고 얼른 귀갓길에 올랐다. 장소가 어디였는지는 새까맣게 잊어버렸지만, 긴테쓰 전철역으로 향하는 택시 안에서 디자이너가 시골길에 한 채 덩그러니 서 있는 식당을 가리키며 "이봐, 맥주라도 마시자고" 하고 말했다. 디자이너 역시 도무지 사람이 생활할 수 없을 듯한 벽촌에 만들어진 분양지를 어떻게 외지지 않은 장소처럼 꾸며내 촬영할지 고심참담한 뒤였기에 울적했던 거겠지.

  우리 셋은 택시에서 내려 역까지 가는 길을 운전사에게 물었다. 걸어서 20분 정도 걸린다고 했다. 그렇다면 택시를 세워둘 필요도 없을 듯해서 요금을 지불하고 처마를 드리운 작은 목조 식당에 들어갔다. 손님은 우리 말고는 아무도 없었고, 만들 수 있는 메뉴는 덮밥류와 우동 또는 소바뿐이라고 했다. 우리는 맥주만 주문해놓고 한숨을 쉬며 마구 담배를 피웠다. 식당은 2층이 주거 공간인 듯 머리 위에서 갓난아기의 울음소리가 들렸다. 가게 뒤편은 논이라서 벼를 다 벤 뒤의 황토색 풍경이 건너편 산기슭까지 이어져 있었다. 그리고 나는 맥주가 든 컵을 손에 쥔 채, 그 무언가 황량한 풍경 한구석에 문득 시선을 고정시켰다. 논 가장자리의 작은 신사가 있을 법한 수풀 속에, 그렇게 크지도 않아 보이는 단풍나무가 한 그루 붉게 타오르고 있었기 때문이다. 나는 그때, 여태껏 빨강이라는 색을 무수히 봐왔지만 이다지도 처연하며 또 이다지도 적요한 빨강은 본 적이 없는 듯한 기분이 들어 말없이 그 어딘가 초라

한 식당의 지저분한 의자에 주저앉아 언제까지고 그곳을 바라보고 있었다. 아무것도 없는 허무에 가까운 풍경 속에서, 단 한 그루의 단풍나무가 잎을 물들이고 있다. 그것도 얼마나 격렬하게 물들이고 있는가. 그 생각은 차츰 나를 고무시켰다. 나도 무언가를 해낼 수 있을 듯한 기분이 들기 시작했다. 어린 시절 아버지가 자주 교토의 깊은 산속으로 단풍을 보러 데려가줬던 것도 떠올렸다.

하지만 나는 그로부터 4년 뒤 결국 회사를 그만뒀다. 기진맥진해서 카피라이터라는 일로부터 달아난 것이다. 그리고 소설을 쓰기 시작했다. 그 사이 오른쪽 쇄골 아래의 병터는 참으로 느릿느릿하게 나의 폐를 침식해나갔다. 다시 3년 뒤 〈흙탕물 강〉으로 다자이 오사무 상, 이어 《반딧불 강》으로 아쿠타가와상을 받아 겨우 작가로서 출발대에 설 수 있었던 나는 그때까지 긴장했던 마음을 풀어놓기 위해 친구와 둘이서 도호쿠 여행을 떠났다. 친구와는 우에노 역에서 만나기로 했다. 그 2년 전부터 집요한 기침에 시달려왔기에 내가 분명 어떤 병에 걸렸다는 것을 확실히 자각하고 있었지만, 여기서 쓰러지면 끝이라고 생각해 병원에도 가지 않고 필사적으로 소설을 계속 써왔다. 나는 우에노역 화장실에서 피를 토했다. 과연 올 것이 왔구나 생각했지만 친구에게는 비밀로 한 채 열차에 올라탔다. 한 번 더 피를 토하면 죽는 게 아닐까 하는 공포에 사로잡혔으나 이 여행을 고대했던 친구에게는 아무래도 털어놓지 못한 채 야마가타의 덴도에 도착했다.

그다음 날 우리는 버스를 타고 자오온천에 갔다. 료칸 객실에 들어가자마자 나는 이불을 펴달라고 해서 누웠다. 기침이 나오려고 할 때마다 필사적으로 참았다. 기침을 하면 심하게 각혈해서 그대로 죽어버릴 듯한 느낌이 들었기 때문이다. 그런 사정을 모르는 친구는 모처럼 왔으니 자오산 정상에서 석양을 보자고 했지만 나는 움직일 수 없었다. 친구는 불만스러운 표정으로 혼자 료칸을 나섰다. 그러나 돌아온 친구는 저녁 식사를 한 뒤 싫다는 나의 팔을 붙잡았다. 달리아 화원으로 향하는 언덕을 올라가 어마어마한 별들의 반짝임을 가리키며 저것이 은하수, 저것이 묘성, 저것이 백조자리, 하고 질릴 정도로 별자리에 관한 지식을 떠들었다. 나는 넋을 잃고 별들을 바라보며, 만약 여기서 죽는다 해도 행복했다고 여길 수 있을 듯한 기분에 젖어 있었다. 죽을 테면 죽으라지. 그렇게 생각했다. 그래서 다음 날 아침, 나는 친구가 어제 혼자서 지는 해와 아사히 연봉連峯을 바라봤다는 지점으로 가볼 마음이 들었다.

달리아 화원에서 케이블카를 타고 돗코누마*로 올라갔다. 그 케이블카 안에서 나는 몇 년 전, 나라의 지명도 잊은 시골 식당 창문 너머로 봤던 것과 같은 풍경을 접했다. 그러나 그것은 단 한 그루의 적요한 단풍나무가 아니라,

---

* 자오산 중턱의 연못.

수령이 지긋하고 생명력 넘치는 단풍나무가 불타오르는 광경이었다. 나는 어째서인지 그 순간, 그 단 한 그루의 적요한 단풍나무와 이 자오의 다양한 빨강으로 불타는 단풍나무를 내 안에 동시에 지니고 있다는 사실을 깨달았다. 금수錦繡*라는 말이 마음을 스치며, 나의 생명 또한 금수인 듯하다는 생각에 사로잡혔던 것이다. 나는 내 안에 존재하는 그 금수를 소설로 쓰자고 생각했다.

"전략 / 자오의 달리아 화원에서 돗코누마로 올라가는 케이블카 안에서 설마 당신과 재회할 줄이야, 정말 꿈에도 생각지 못했습니다."

이 한 구절이 아무 맥락도 없이 마음속에 떠올랐다. 그 서두 한 줄을 가슴속에 품어둔 채 나는 겨우 집으로 돌아왔고, 그리고 입원해서 요양 생활에 돌입했다. 몇 년 뒤 건강을 회복한 나는 처음부터 끝까지 남자와 여자의 서신 교환만으로 이루어진 《금수》라는 소설을 완성했다.

올해도 또다시 단풍의 계절이 찾아왔다. 그러나 단풍은 나에게는 이제 식물의 잎이 단순히 변색된 것이 아니다. 자신의 생명이, 끊임없이 시시각각 색깔을 바꾸며 뿜어내는 금錦의 불꽃이다. 아름답다고 간단히 말해버릴 수 있는 자연 현상 같은 게 아니다. 그것은 나다. 그것은 생명이다. 오탁, 야망, 허무, 사랑, 증오, 선의, 악의, 그리고 한없는

---

* 화려한 의복이나 직물, 또는 아름다운 단풍을 비유하는 말.

청정함까지 남몰래 지닌, 혼돈한 우리의 생명이다. 어느 시기, 어느 땅, 어느 경우를 불문하고 사람들은 모두 금수의 나날을 살아가고 있다.

저자 후기

'생명의 그릇命の器'*이라니, 또 얼마나 거창한 제목을 붙여버렸는가. 이 책은 나의 두 번째 에세이집으로 첫 번째인 《스무 살의 불빛》을 내고 3년이라는 세월이 흘렀다. 나는 그 3년 동안 별로 성장하지 않은 듯하여(성장은커녕 쇠퇴해버린 기분마저 들어서) 인간으로서, 작가로서 내가 가진 그릇에 줄곧 의문을 품어왔다. 내가 쓰는 것은 대체 무엇인가. 자문을 거듭해온 3년간이었다.

  그리고 이 두 번째 에세이집은 그 3년 동안 써 모은 것이다. 적어도 에세이집인 한, 거기에 수록된 짧은 글 하나하나는 자연히 각각 나라는 인간의 응축이나 다름없다. 나라는 종잡을 수 없는 인간이 가진 생명의 그릇은 어느 정도인지, 지금은 이것으로 추측해주십시오. 그렇게 정색하며 '생명의 그릇'이라는 제목을 붙인 것이다.

* 이 책의 원제.

《스무 살의 불빛》과 마찬가지로 이《생명의 그릇》역시 나카무라 다케시 씨가 한 권의 책으로 묶어주셨다. 깊이 감사드린다.

1983년 가을
미야모토 테루

옮긴이의 말

재작년 봄, 미야모토 테루의 에세이집이 한국에 처음 출간되었다. 제목은 《생의 실루엣》. 테루가 《환상의 빛》과 《금수》 등의 소설로 국내 문학 팬들의 오랜 사랑을 받아온 것을 생각하면, 또 오래전부터 드문드문 에세이집을 냈던 것을 생각하면 재작년에야 테루의 수필이 한국에 처음 소개된 것이 조금 의아하게 느껴질 정도였다.

다행히 《생의 실루엣》은 독자들의 사랑을 흠뻑 받았다. 그 책을 번역한 나는 지금까지도 인터넷에 올라와 있는 리뷰를 종종 찾아보며 흐뭇한 미소를 짓고는 한다. 그럴 때면 테루의 섬세한 문장을 한 글자 한 글자 우리말의 세계로 재구축해나갔던 순간이 내 안에서 되살아난다. 그것은 오직 번역가만이 누릴 수 있는 고요한 행복이었다.

이 책 《그냥 믿어주는 일》은 일본에서 《생의 실루엣》보다 훨씬 앞서 나왔으니 그야말로 청년기의 테루를 만나볼 수 있는 셈인데, 어찌된 일인지 이 청년은 그때부터 이미 담백하고도 노련한 문체를 갖추고 있었다. 재능이란 이런 것인가. 시샘할 겨를도 없이 이번에도 나는 그의 문장에 푹 빠져들어 즐겁게 작업했다.

테루의 에세이에서 가장 중요한 등장인물은 두말할 것도 없이 아버지다. 실제로 그의 아버지는 사업에 잇따라 실패하고 여자 문제도 많은 인물이었다. 그로 인해 아버지와 어머니 사이에서는 끊임없는 다툼이 일어났고, 알코올 의존증이 된 어머니의 자살 미수 사건까지 더해져 테루는 현실로부터 도피하기 위해 벽장 속에서 독서에 탐닉하기 시작했다. 아버지는 테루가 스물두 살 때 내연녀의 집에서 지내다 뇌경색으로 쓰러져 반신불수가 되었고, 결국 정신병원에서 생을 마감했다. 이때 대학생이었던 테루는 아버지가 남긴 막대한 빚 때문에 어머니와 함께 도피 생활을 했고, 술과 도박으로 날을 지새우다가 출석 일수와 학점이 부족해 간신히 학교를 졸업했다(〈거리 속의 절〉 꼭지에는 테루가 이 시기 술에 절어 도톤보리 일대를 돌아다녔다는 이야기가 나온다).

그럼에도 불구하고 테루의 글에는 아버지에 대한 마음이 진하게 묻어난다. 작가란 원래 미움과 원망마저 그리움과 사랑으로 승화시켜 문장을 짓는 사람들인 걸까. 그렇게 되기까지 테루에게 얼마나 힘든 세월이 필요했을지 나는 알지 못한다. 다만 간결하면서도 서정적인 문체에서 묘한 노스탤지어와 아름다움을 느낄 뿐이다.

좋았던 점을 실컷 말했으니 이제 이 책을 번역하며 가장 골머리를 썩인 부분에 대해서도 이야기해보려 한다. 테루는 어린 시절부터 아버지와 함께 경마장을 드나들었고, 한때는 일요일마다 경마장을 찾을 정도로 경마에 미쳐 있었다. 또 이 책을 쓴 시기에는 경주마를 소재로 삼은 《준마》라는 소설을 연재하기도 했던 탓(?)에 경마 이야기가 심심찮게 등장했다. 한데 일본의 경마는 한국의 경마와 마권을 사는 방식도 다르고 용어에도 차이가 있어서 번역하며 얼마나 헷갈렸는지 모른다. 나중에는 '일본 경마 배경 지식.hwp' 파일을 따로 만들어서 클래식 경주란 무엇인지, 더비와 오크스는 또 무엇이며 출주 자격은 어떻게 되는지, 마권의 종류에는 어떤 것이 있는지 등을 정리해두고 교정할 때마다 열어봤다.

그중에서도 특히 나를 괴롭힌 것은 〈'바람의 왕'에 매료되어〉 꼭지에 나오는 다음 두 문장이었다.

> 현실에서 고돌핀 아라비안의 피는 매첨^{Matchem}계로 갈라져 나갔고, 그 7대 후손인 웨스트 오스트레일리안이 영국 경마 클래식 경주의 초대 3관마가 되었다. 그리고 오스트레일리안의 4대 후손으로 미국에서 맨오워$^{Man\ O'\ War}$가 태어나 21전 20승의 전적을 남겼다.

나는 이 부분을 번역할 때 영문 위키피디아를 참조했다 (뛰어난 경주마에게는 각각의 위키피디아 페이지가 있다. 마치 역사 속

위인들처럼……). 팩트 체크를 하기 위해 맨오워에서 시작해 그의 아버지, 그 아버지의 아버지, 하는 식으로 한 세대씩 거슬러 올라가봤는데, 아무리 따져 봐도 맨오워는 웨스트 오스트레일리안의 5대 후손이지 4대 후손이 아니었다.

한참 동안 머리를 쥐어뜯던 나는 어느 외국 사이트에서 서러브레드 혈통 족보를 찾아냈고, 그들의 시조인 고돌핀 아라비안부터 순서대로 종이에 적어보기 시작했다. 고돌핀 아라비안, 케이드, 매첨, 컨덕터, 트럼펫터, 소서러, 코머스, 험프리 클링커, 멜버른, 웨스트 오스트레일리안, 오스트레일리안, 스펜드스리프트, 헤이스팅스, 페어플레이, 맨오워.

잠깐, 웨스트 오스트레일리안이랑 오스트레일리안이 다른 말이라고?(나는 '오스트레일리안'이 앞 문장의 '웨스트 오스트레일리안'을 가리킨다고 너무나 자연스럽게 착각하고 있었다.) 그럼 맨오워는 웨스트 오스트레일리안의 4대 후손인 게 맞잖아? 의심해서 죄송합니다, 테루 님과 일본 편집자님…….

독자의 착오를 방지하기 위해 '그리고'와 '오스트레일리안' 사이에 '그 아들'이라는 단어를 추가하며 이날의 혼란은 마무리되었다. 나처럼 서러브레드 족보까지 뒤져가며 책을 읽는 독자는 거의 없겠지만 출판물은 되도록 정확해야 하니까. '그 아들' 세 글자를 추가하기까지 내가 들인 시간과 노력이 얼마나 되는지는 따로 계산하지 않겠다. 번역가들은 가끔 한 문장을 번역하는 데 한나절을 꼬박 들이기도 하니 특별한 고생은 아닐 것이다. 그러나 나는 이 가성비 나쁜 직업을 그만둘 생각이 없다. 어느 날 불시에 이런 구절을 만나기도 하기 때문이다.

> 올해도 또다시 단풍의 계절이 찾아왔다. 그러나 단풍은 나에게는 이제 식물의 잎이 단순히 변색된 것이 아니다. 자신의 생명이, 끊임없이 시시각각 색깔을 바꾸며 뿜어내는 금錦의 불꽃이다. 아름답다고 간단히 말해 버릴 수 있는 자연 현상 같은 게 아니다. 그것은 나다. 그것은 생명이다. 오탁, 야망, 허무, 사랑, 증오, 선의, 악의, 그리고 한없는 청정함까지 남몰래 지닌, 혼돈한 우리의 생명이다. 어느 시기, 어느 땅, 어느 경우를 불문하고 사람들은 모두 금수의 나날을 살아가고 있다.

이 대목을 〈금수의 나날〉에서 처음 읽었을 때, 한 단어씩 옮길 때, 옮긴 문장을 교정할 때, 나는 생에 대한 묘한 용기가 소리 없이 밀려드는 것을 느꼈다. 이 책을 읽어주신 분들께도 그런 감정이 전달되기를 소망해본다. 멀리서 보면 우리 모두 '금수의 나날' 속에 있음을 느끼기를.

2023년 봄
이지수

그냥 믿어주는 일

1판 1쇄 펴냄 2023년 4월 15일

지은이　　　미야모토 테루
옮긴이　　　이지수
편　집　　　안민재
디자인　　　룩앳미
제　작　　　세걸음
인쇄·제책　　상지사

펴낸곳　　　프시케의숲
펴낸이　　　성기승
출판등록　　2017년 4월 5일 제406-2017-000043호
주　소　　　(우)10885, 경기도 파주시 책향기로 371, 상가 204호
전　화　　　070-7574-3736
팩　스　　　0303-3444-3736
이메일　　　pfbooks@pfbooks.co.kr
SNS　　　　@PsycheForest

ISBN　　　 979-11-89336-58-5　 03830

이 책의 내용을 이용하려면 반드시 저작권자와
도서출판 프시케의숲에 동의를 받아야 합니다.